CUADERNOS DE PSICOANÁLISIS, Órgano Oficial de la Asociación Psicoanalítica Mexicana, A.C. Revista semestral, enero-junio de 2014. Editor fundador: Dr. Luis Feder Beñeraf. Editora responsable: Margarita Szlak. Número de reserva ante la Dirección General de Derechos de Autor: 04-2002-012310323300-01. Número de certificado de licitud de título: 04-2002-022017110400-102. Número de certificado de licitud de contenido: 1/432"02"/15855. Número de Registro de Instituciones Científicas y Tecnológicas del Consejo Nacional de Ciencia y Tecnología (CONACYT): 2001/363. Dirección de la publicación: Bosques de Caobas No. 67, Bosques de las Lomas, 11700, México D.F. Teléfonos: (52) 5596 0009 y (52) 5596 7427, e-mail: administracion@apm.org.mx. Impreso en Estados Unidos de América.

Presidentes de la Asociación Psicoanalítica Mexicana

Dr. Ramón Parres Saénz ✝
Dr. Santiago Ramírez ✝
Dr. Avelino González Gaytán ✝
Dr. José Remus Araico ✝
Dr. Alfredo Namnum ✝
Dr. Francisco González Pineda ✝
Dr. Victor Manuel Aíza Bandung ✝
Dr. Armando Barriguete Meléndez ✝
Dr. Fernando Césarman Vitis
Dr. Agustín Palacios López ✝
Dr. Gustavo Lutteroth ✝
Dr. Manuel Isaías López Gómez
Dr. José Camacho Elorriaga
Dr. Marcelo Salles Manuel ✝
Dr. Pablo Cuevas Corona
Dr. Félix Velasco Alva
Dr. David N. López Garza
Dr. Jaime Ayala Villarreal
Dr. Eduardo Dallal y Castillo
Dr. Antonio Santamaría Fernández ✝
Dr. Juan Vives Rocabert
Dra. Teresa Lartigue Becerra
Dra. Josefina Mendoza Ríos
Dra. Victoria Castañón Garduño
Dr. José Luis Salinas Fernández
Dr. José Luis Islas
Dr. Marco A. Dupont V.

Primera edición 2015

Díaz de León 122-2
Aguascalientes, Aguascalientes
México CP 20000
libros@architecthum.edu.mx

ISBN 978-607-9137-22-9

Contenido

Psicosexualidad en la formación en psicoanálisis 7
José Camacho

La escucha y el "aguante" como parte de la interpretación: un caso de trastorno narcisista 14
Margarita E. Szlak de Cederbojm

Cómo despertar los afectos de la vitalidad en la gestación 23
Catalina Harrsch Bolado

Desarrollo de la preocupación maternal primaria en madres de bebés prematuros hospitalizados 31
Camille Cassereau

La realidad externa traumática como vía de entrada a la depresión pre y postnatal 46
Rosa Ma. Macías Luna

El cáncer en la infancia y la adolescencia: aportaciones de la psico-oncología y el psicoanálisis 58
Maricarmen González-Maraña

Ecos y murmullos de la guerra civil española. Intolerancia a lo femenino 72
Susan Mónica Mulhern Ledesma

Panel: ficción y comunicación emocional en psicoanálisis 81

El estatuto metapsicológico de los entes ficticios 81
Juan Vives Rocabert

El lenguaje olvidado -Simulación corporalizada, neuronas espejo y comunicación emocional en psicoanálisis- 90
Félix Velasco Alva

Ficción y comunicación emocional en la relación madre-hijo/a: la sintonía afectiva 102
Teresa Lartigue

Mentalización y regulación afectiva en el desarrollo I 117
Delia G. de la Cerda Aldape

Reseña de libros

Juan Vives Rocabert (2013). *La muerte y su pulsión. Una perspectiva freudiana.* México: Paidós, 431 páginas. Reseña: *Ruth Axelrod Praes*

Juan Vives Rocabert (2013). *La muerte y su pulsión. Una perspectiva freudiana.* México: Paidós, 431 páginas. Reseña: *José Camacho*

Juan Vives Rocabert (2013). *La muerte y su pulsión.* Una perspectiva freudiana. México: Paidós, 431 páginas. Reseña: *Miguel Kolteniuk*

Psicosexualidad en la formación en psicoanálisis

José Camacho

"Quien no comparta la concepción de psicosexualidad no tiene derecho alguno a invocar los principios doctrinarios del psicoanálisis que tratan de la significatividad etiológica de la sexualidad".
Freud, 1910 Sobre el psicoanálisis silvestre

A más de cien años de que esta cita fuera escrita, quien piense que la sexualidad de la que hablamos en psicoanálisis se concreta al acto sexual somáticoy que al relajarse las restricciones respecto a este, ya no es importante como determinante en la génesis de la psicopatología ni es objeto de consideración, desconoce un aspecto esencial del psicoanálisis. Nuestra disciplina como teoría de la conducta normal y patológica, técnica de tratamiento y como método de investigación, estudia, los procesos de ensamblado de la excitación somática a la *psique,* es decir la **psicosexualidad**; sexualidad tramitada psíquicamente, concepto fundamental en la enseñanza en los institutos de formación psicoanalítica.

Algunos preceptos del plan de estudios

Aunque pareciera innecesario hacer explícito este tema en el contenido curricular de los psicoanalistas en formación del siglo XXI, es importante enfatizar que psicosexualidad sigue siendo uno de los pilares de la disciplina freudiana. La sexualidad biológica desde sus orígenes en la infancia, es parte del desarrollo ligada a su representación psíquica como deseo, y por lo tanto, a la angustia, la culpa y a la psicopatología en general. Freud amplía la extensión y comprensión del concepto de lo sexual al apartarse de la idea de lo somático como lo único sexual y deslinda al psicoanálisis, de una concepción sólo biológica, ingresando a través del concepto de pulsión, representación psíquica del instinto, a la dimensión del cuerpo erógeno, representación psíquica de lo somático; así, la sexualidad es ya psicosexualidad, y la excitación-necesidad se convierte en deseo y amor.

El eje sobre sexualidad, en la obra de Freud, y desde luego en el programa de formación psicoanalítica, se encuentra desde los primeros escritos pero, por el momento sólo resalto el *Manuscrito G,* la *Carta 52,* la neurastenia y la neurosis de angustia, *Las neuropsicosis de defensa,* el *Proyecto, Los estudios sobre la histeria* y la *Interpretación de los sueños*, y se conceptualiza metapsicológicamente en el texto *Tres ensayos para una teoría sexual* dando paso a varios caminos de reflexión posterior.

1. Sobre sus orígenes en dos vertientes: la clínica y la metapsicológica.

2. Su vinculación al conflicto y a la estructuración del psiquismo, antecedida por la represión primaria y secundaria

La libido, fuerza cuantitativa y cualitativa del aparato psíquico en su función normal o en su expresión patológica, es el término que se da a la excitación sexual que se ha transformado al llegar a un umbral donde inviste las representaciones psíquicas. Así, lo que en un principio es necesidad física, pasa a ser un deseo que busca satisfacción, mediante una acción específica al encontrar o reencontrar el objeto correspondiente al que ya se ha construido en la memoria precedido del autoerotismo, y que una vez constituido el yo, lo inviste con libido narcisista, de cuyo reservorio partirá hacia el objeto, y desde éste, regresan las catexias en las identificaciones secundarias, decantados de las relaciones de objeto abandonado para formar el mundo interno, el superyó y las estructuras del carácter

El trauma infantil expresado *a posteriori*, contra la noción del tiempo lineal del antes al después para integrar lo diacrónico por intermedio de la memoria se resignifica al incrementarse la carga instintiva.

3. Los estadios libidinales del desarrollo psicosexual, su sentido y evolución hacia el Complejo de Edipo, los modelos vinculares (neurótico, perverso, psicótico) y los mecanismos de defensa imprescindibles para pensar las bases de la psicopatología.

4. Desde lo anterior se llega hasta el desarrollo de la tercera teoría pulsional, vida y muerte, ya anunciada en el *Proyecto* con los principios de constancia e inercia, para luego estudiar los textos de Freud posteriores a 1920, continuándose con los avances post-freudianos.

MANUSCRITO G
1895

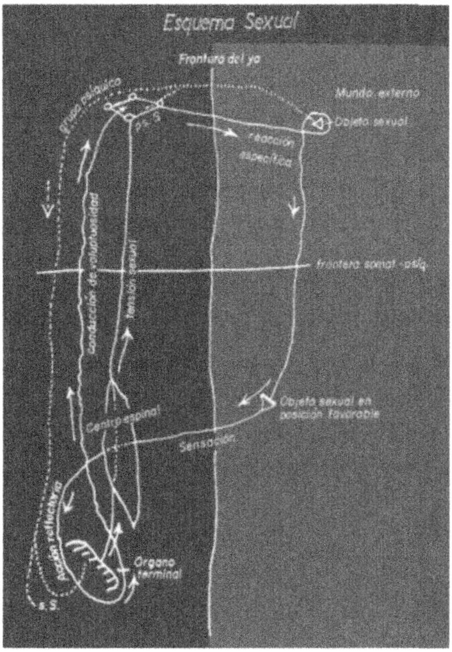

Sirva el esquema (p.242) sobre el *Manuscrito G* de 1895 como un ejemplo magistral de Freud para mostrarnos el cuerpo somático y el erógeno, el instinto sexual, su camino hacia la psicosexualidad y la transformación en libido; la excitación sexual y su componente afectivo, la voluptuosidad, la representación psíquica, investida de libido y la acción específica para lograr la satisfacción del deseo con el objeto, las zonas erógenas y su destino en la representación psíquica; la influencia de los educadores en la moralidad, la represión y la transformación de las metas sexuales en sublimación.

Después de trazar Freud dos ejes, uno **horizontal** que divide la *psique,* en la mitad superior, al *soma* en la inferior; otro eje **vertical** constituye el límite del yo, separándolo del mundo exterior,

Los elementos del diagrama que se refieren a la sexualidad femenina, pero cuyo título anuncia las causas de la melancolía como el duelo por la libido perdida, son:

En cuadrante superior derecho está el **mundo exterior** donde hay un **objeto sexual, presente en la realidad externa.**

En el cuadrante inferior, del mismo lado, en el *soma,* se representa la figura del objeto **sexual en posición favorable (el pene penetrando en la vagina).**

En el cuadrante inferior izquierdo, correspondiente a la parte somática del yo, encontramos un órgano **terminal del que parte** la **excitación sexual somática** (Ss) hacia el centro espinal.

En el cuadrante superior izquierdo, se encuentran, ya en la parte psíquica del yo, están las representaciones que constituyen el **grupo sexual psíquico**.

En un trabajo anterior, a propósito de la neurosis de angustia y la neurastenia, Freud (1894) nos describe la transformación de la sexualidad en psicosexualidad y la relación entre las neurosis de angustia y las psiconeurosis, o sea neurosis que tienen un componente psíquico, dando la siguiente explicación económica, dinámica, topográfica y estructural: "el mecanismo de la neurosis de angustia ha de ser buscado en la desviación de la excitación somática, de lo psíquico, y en el consiguiente aprovechamiento anormal de dicha excitación" (p. 193, tomo I de la cuarta edición de las obras completas de Freud, Biblioteca Nueva). Sirva esta cita para resaltar la diferencia entre sexualidad somática y psicosexualidad.

Más adelante Freud traza el circuito que va de lo físico a lo psíquico y la transformación de la energía cuando pasa de lo primero a lo segundo: "La excitación sexual somática se exterioriza como una presión sobre la pared visceral provista de terminaciones nerviosas,... esta excitación aumentará de una manera continua pero sólo a partir de cierta altura será capaz de vencer la resistencia de la conducción interpolada hasta la *corteza cerebral y exteriorizarse como estímulo psíquico (PSICOSEXUALIDAD). Dotado de energía, el grupo de representación sexual* presente en la *psique*, se generará *el estado psíquico de tensión libidinosa, ya como deseo cuya meta es cancelar esa tensión*. Este alivio psíquico sólo es posible por el camino de la *acción específica"* (p. 194, *Ibid).*

Como se podrá observar en estas dos citas, aquí están las bases para entender la sintomatología de origen somática y la que proviene del conflicto psíquico, o sea la proveniente de la sexualidad y la de la psicosexualidad, que tiene lugar las representaciones reprimidas que no han logrado la tramitación al nivel del yo, en el sentido que es explicado en el proyecto como "un conjunto de catexias psi existentes en un momento dado" (p. 233, del mismo tomo). Completemos esto con el texto de la carta 52 en el que describe Freud que los problemas de traducción y temporalidad entre los sistemas en que se encuentran los recuerdos causan la neurosis.

Todo esto quedaría incompleto si no se piensa en la construcción del aparato psíquico, esbozada en el *Proyecto* donde encontramos como se forman las representaciones y la influencia del objeto para que la excitación se convierta en libido y deseo. Me explico: al surgir una necesidad física, (aumento de tensión) primero hay reacciones de descarga para buscar el alivio; esto no suprime la tensión sino que hasta que con la asistencia del objeto se realiza una acción específica que la disminuye acompañado esto por una sensación placentera, que dejará una impresión en la memoria; así, cuando surge de nuevo la necesidad será convocada como recuerdo de la experiencia de satisfacción; aquí ya no hablamos de algo anaclítico-biológico, sino de deseo, que ya es psíquico. La huella del objeto también ha quedado grabada su representación, por lo que, ya a nivel psíquico, cuando surge la necesidad y el objeto no está presente, se buscará primero su evocación como alucinación, misma que no satisface, pero genera una demora, marca el camino, que desemboca pensar el objeto que así es reencontrado. La necesidad física sexual al encontrarse con la representación se vuelve psicosexual. Se ha producido un cambio fundamental, el principio de inercia con su tendencia a la descarga de la energía se ha transformado en principio de constancia y placer al ya existir una red de representaciones para tramitar lo instintivo, sexual somático, en psicosexual; el cuerpo somático entonces se va a teniendo paralelamente una representación psíquica conceptualizada como cuerpo erógeno

Años después, André Green (1999), revisita el *Manuscrito G* al explorar los afectos en la obra de Freud resaltando las vías sexuales, psíquicas y somatopsíquicas de la sexualidad y la influencia de los educadores para que el estímulo sexual somático se convierta el psíquico[1].

"La primera (vía), llamada tensión sexual, es puramente orgánica y sexual.

La segunda... para conducir los sentimiento sexuales (placer), y termina en el grupo sexual psíquico. Esta vía es psíquica y sexual, por eso es parte del circuito que rodea el objeto y puentea el órgano terminal, sin emerger de él.

La tercera... es la más interesante. El trabajo de los educadores lleva a un intercambio del estímulo sexual somático por el estímulo psíquico; este influencia al grupo sexual psíquico, pero conduce su acción más allá del objeto sexual. Esta vía deprivada por la educación de su contribución energética de la sexualidad cruda y directa, solicita de regreso, en la parte del

1 Ver al respecto Kolteniuk (2011).

objeto (por una actitud de seducción y atracción) la contribución necesaria si la descarga de la acción específica tiene lugar. Entonces conduce otro rango afectivo: disgusto por la sexualidad e inhibición de la meta, seducción y atracción... el objeto sexual funciona como fuente adicional de extinción de la energía mediante la educación (represión). Así, la tensión es mantenida en un nivel bajo y la libido es deprivada de la fuerza necesaria para que el sujeto pueda llevar a cabo la satisfacción mediante la acción específica, una vez que sea el adecuado y esté al alcance. También de esta línea parte la represión, la vuelta contra sí mismo, la transformación en lo contrario, y mediante la identificación con el padre del mismo sexo y la renuncia al del opuesto, la posibilidad de la sublimación" (pp. 20, 21 y 22).

Este esquema prefigura el modelo del instinto, con su fuente (somática, sexual), su objeto (en el mundo exterior), el empuje (dividido en sus partes componentes), su meta (la acción específica). Desde este centro, de la psicosexualidad en lo particular, se estudiarán los desarrollos contemporáneos, sin perder su ensamble con la doctrina freudiana, columna vertebral y esencia del psicoanálisis, lo cual el maestro Green cumple siempre en todos sus escritos, y es por eso que se recomiende su lectura pues siempre llevará a las fuentes que ha de ser leídas una y otra vez desde este autor.

Termino insistiendo que para formar psicoanalistas tiene que crearse una base conceptual íntegra, metapsicológica de la sexualidad, léase psicosexualidad, es decir sexualidad tramitada psíquicamente; de otra manera, el alumno se quedaría pensando en concepciones simplistas catárticas de la energía sexual cuyas manifestaciones patológicas sólo requerirían la descarga de sus excesos sin pasar por procesos de trabajo y elaboración psíquica.

Resumen

El artículo trata sobre la importancia de la psicosexualidad en la enseñanza del psicoanálisis.

Palabras clave: sexualidad, psicosexualidad, libido, tensión sexual, acción específica, objeto sexual.

Summary

This article is about the importance of psychosexuality in teaching psychoanalysis in the psychoanalytic institute.

Key words:sexuality, psychosexuality, libido, sexual tension, specific action, sexual object.

Referencias bibliográficas

FREUD, S. (1894). Manuscrito E. ¿Cómo se genera la angustia? En *Obras completas*, trad. J.L. Etcheverry, Tomo I: 239-234, Buenos Aires: Amorrortu, 1976.

FREUD, S. (1895). Manuscrito G. Melancolía. Tomo I: 228-246.

FREUD, S. (1896). Carta 52. Tomo I: 274-280.

FREUD, S. (1895/1950). Proyecto de psicología. Tomo I: 323-446.

FREUD, S. (1894/1895). Sobre la justificación de separar de la neurastenia un determinado síndrome en calidad de neurosis de angustia. Tomo III: 85-115.

FREUD, S. (1905). Tres ensayos de teoría sexual Tomo VII: 109-222.

FREUD, S. (1910). Sobre el psicoanálisis silvestre. Tomo XI: 217- 227.

FREUD, S. (1920), Más allá del principio del placer. Tomo XVIII: 1- 136.

KOLTENIUK, M. (2011). Es la psicosexualidad un concepto olvidado en la enseñanza del psicoanálisis actual. *Cuadernos de Psicoanálisis,* XLIV, (3-4): 44-49.

GREEN, A. (1999). Draft G. In *The fabric of affect in the psychoanalytic discourse,* London: Rutledge.

La escucha y el "aguante" como parte de la interpretación: un caso de trastorno narcisista

Margarita E. Szlak de Cederbojm[1]

Introducción

Sin lugar a dudas los cambios socio-culturales ocurridos en las últimas décadas, así como las fallas en las redes de contención familiar, inciden notablemente en las diferentes problemáticas que concurren hoy en día a nuestra consulta. Una de las patologías más recurrentes en la actualidad son los trastornos narcisistas. En el libro de "Estructuras y abordajes en psicoterapias psicoanalíticas" del Dr. Fiorini nos sugiere un perfil clínico y dinámico de la patología del trastorno narcisista y comenta que, en realidad este perfil configura un síndrome o sea una serie de síntomas cuyos rasgos comunes están vinculados unos con otros.A modo de introducción y de ilustración y siguiendo al autor, trataré puntuar el perfil que sufre una persona adulta con este trastorno narcisista ya que sustenta enormemente el caso que estoy presentando:

1. El paciente con trastorno narcisista sufre en forma permanente de una problemática centrada en el sí mismo,o sea una preocupación constante por definir su identidad y la estima que esa imagen de sí pueda merecer ante los otros y ante sí mismo.
2. Una preocupación puesta en el saldo que pueda resultar para su autoestima y la imagen de sí en toda interacción que se produzca con los otros.
3. Una constante angustia centrada en responder a un yo ideal o al negativo de ese ideal en función de las interacciones con los demás.
4. Alteraciones en la percepción y en la configuración de una imagen del propio cuerpo.
5. Frecuentes temores hipocondríacos.

1 Miembro titular de APM –APA.IPA

6. Reiteración en la demanda de modos primarios de vínculos, caracterizados por una dependencia patológica.
7. Ansiedades vinculadas con objetos sexuales parciales, pregenitales, a menudo integrados en fantasías perversas (oralidad, anal retentivo, o conductas expulsivas evacuativas) y consecuentes dificultades en el plano de la sexualidad genital adulta.
8. Pensamiento confusional prevalente, correlativo de las modalidades de vínculo fusional infantil preservadas como predominantes hasta edades adultas.
9. Estados depresivos frecuentes. Un fondo depresivo constante.
10. Dificultades para el registro y la comprensión empática de las conductas de los otros, lo cual acarrea perturbaciones en la esfera social. Estos rasgos se van apreciando en el transcurso del proceso analítico, no se presentan todos juntos, pero se van detectando como parte del trastorno que sufre el paciente, donde la angustia se puede manifestar en forma episódica, como sucede en el trastorno de pánico que resulta del fracaso del yo para mantener la angustia como señal ante el peligro.

Caso clínico

Martín (nombre ficticio) me llama por teléfono, por medio de una red social de internet; alguien de esa red, lo recomendó conmigo. Su voz suena por teléfono clara, fresca, contundente y decidida; con ese tonito de voz porteño de Buenos Aires inconfundible, que parece confiado en sí mismo y muy seguro. Acordamos en un horario y llega a la consulta puntualmente. Al abrir la puerta me encuentro con un joven bastante bajo, de cabellos ralos y al preguntarle cuánto tiempo había estado de novio con Guadalupe, comenta que en realidad su verdadera novia era una tal Raquel, con la cual duró siete años, no sabe ni cómo duró tanto tiempo con ella pues siempre impuso entre ellos limitaciones y represiones en el vínculo y en las relaciones sexuales.

En un diciembre, en un viaje que realiza a Buenos Aires de visita, conoce a Guadalupe casi superponiendo ambas relaciones.

El proyecto era venir a México a vivir con Raquel pero Guadalupe le impactó por ser distinta en la parte sexual, él se sentía muy bien y libre con ella y en julio su nueva novia aparece en México invitada por él, reconoce que él la convence a venir al país y por eso era como que casi no se conocían, nunca habían convivido y la mayor parte del tiempo se habían conectado y relacionado por internet. La convivencia resultó fatal, motivo por el cual decidió él terminar lo antes posible esa relación y para las Pascuas del año siguiente la "devuelve" (dicho por él) a ella a su casa en Buenos Aires, y nunca más se volvió a conectar.

Para su sorpresa al regresar a México solo, ya no tuvo esas ansiedades y angustias que lo invadían por estar solo, pues comenzó a salir con algunos amigos y conocidos a diferentes antros en búsqueda de compañía femenina. Ha leído muchos libros de auto ayuda que le enseñaron a vencer su timidez, y cómo ligar, cómo encarar a una mujer, de qué hablar para poder triunfar pues tiene necesidad de que lo admiren, que le presten atención.Respecto a la constitución de su familia comenta que su padre falleció cuando él tenía 17 años. Llora al relatar este suceso: falleció en la cama de él una tarde cuando estaba descansando, él fue el primero en verlo muerto ya era muy mayor, tenía más de 80 años. Su padre se casó en segundas nupcias con su madre (quien tenía 20 años menos de diferencia) siendo él viudo y teniendo ya una hija adulta y casada a su vez. Cuando él, como primogénito de su madre nació, sus padres fueron a vivir a la parte de atrás de la casa de su abuela materna, durante unos cuatro años, ya que el padre quedó cesante en el trabajo, y no tenían para pagar la renta.Esto trajo como consecuencia una desvalorización de la figura del padre. La madre que trabajaba en la misma empresa, lo llevaba a la guardería desde que era bebé y lo iba a visitar al medio día; luego a los cuatro años empezó a ir al jardín y al regresar se quedaba largas horas con su abuela esperando la llegada de su añorada madre. A sus cuatro años nace su hermana. Se mudan a un departamento rentado. Como recuerdo infantil cuenta con desagrado que siempre le molestó que en las reuniones sociales o familiares, su madre hablara de él; que contara y festejara las "travesuras" como lo inquieto que era y la conducta a veces terrible que tenía en el colegio, o en los cumpleaños. Por ejemplo recuerda que cuando iba a los cumpleaños arrancaba las decoraciones o desordenaba las sillas y las mesas, fastiando a todos. Al escuchar a su madre que lo contaba como un suceso gracioso, él se disgustaba mucho, lo sentía como una burla y criticaba diciendo que en realidad "*nunca le pusieron límites como para que él pudiera adaptarse a la sociedad*". A raíz de estas conductas no fue más invitado por sus otros compañeros a los cumpleaños, y su madre no se enteró de su sufrimiento.

Al recordar a su padre dice no tener recuerdos bonitos con él, lo considerósiempre débil, en relación a su madre o a su abuela; quienes son mucho más agresivas dominantes y con carácter fuerte. Comenta que su padre era hincha fanático de un club de fútbol y que él sigue siendo hincha de ese mismo club, guarda aún hoy todas las camisetas, fotos y revistas. Recuerda una vez que el padre le dijo al salir de la cancha *"estás para campeón, pero te vas a la B"*. Esto también le produjo un intenso dolor psíquico. Respecto a su madre dice que es una persona muy avasallante y muy sobre-protectora en especial con él. Tuvo asma, ataques de bronco-espasmos, síntomas que remitieron. De adolescente teniendo 19 años se sintió estafado por su madre quien le prometió devolverle un dinero de la venta del coche que su padre le había heredado y nunca ese dinero retornó a él a pesar de las promesas.

La muerte de su padre fue una dura experiencia en su vida y tal vez un "parte aguas", pues poco después de este suceso se fue a vivir solo, nuevamente a los fondos de la casa que pertenecía a su abuela materna mientras ella a su vez, seguía viviendo en la parte de adelante de la casa.Es en ese momento cuando Martín me dice: *"El problema que tengo, es que nunca tuve modelo de padres"*. En la actualidad no mantiene mucha relación con su madre. Esporádicamente la llama por teléfono. En su adolescencia y juventud tuvo fantasías homosexuales y también fantasías sexuales con su madre y con su tía, hermana de la madre. Esas fantasías lo aterraban, pero lo acechaban permanentemente. Al contar eso dice *"hice cosas":* usaba internet y chateaba con otra persona con la cámara y veía la parte del pene. Siempre pensó que su pene era chico y necesitaba compararlo.

Dilema actual de Martín

Martín después de dos años en el país está saliendo con dos mujeres a la vez. Una es swinger, llamada Yamila y la otra es una chica soltera Elizabeth con quien dice no estar seguro, pues ella dejó a un novio en España y habla constantemente de él. No se decide por ninguna de las dos, y se conflictúa viviendo preso de sus miedos y fantasías incestuosas inconscientes. A las dos las introdujo en el mundo de sus amigos obviamente en momentos separados.

Viñeta

"Ayer a la noche intenté llamar a Yamila, no la encontré. Entonces empecé a fantasear y hacerme mis películas y eran que se fue con otro chico Y, yo me puse mal pero al mismo tiempo pensaba ¿por qué me molesta tanto eso?... Ya en la tarde estuve con Elizabeth y si Eli hubiera venido a la noche, yo no

hubiera tenido la necesidad de marcarle a Yamila, es decir, en caso de que mi película y la realidad sean la misma cosa yo hice lo mismo que Yamila... ¿por qué pensar que Yamila está con otro pibe me retuerce el estómago, me hace transpirar y me angustia tanto? (esto me pasó siempre con las minas)... Cuando yo no estoy cerca de ellas para controlarlas aparece siempre la misma película...¡que me están cagando.! A veces pienso, será que en mi película a la que están cogiendo es a mi madre, y no a Yamila o a la mujer que sea? No quiero más hacerme esas películas, quiero sentirme libre, pero no le encuentro la vuelta, casi siempre el tema es seguir o no seguir en contacto con ella. ¿Por qué seguir con Yamila, por qué me ama? ¿Por qué me quiere? Y ¿por qué estoy con Elizabeth?"
Analista: "Parece que estar en ambos casos formando tríos te entusiasma. Con Yamila, el marido u otros hombres están en tu cabeza como un permanente rival. Con Eli, el rival está en España. Si hay un tercero puedes compararte y si te eligen a ti, entonces eres el macho de América. Y, si por cualquier motivo no están o no te eligen a ti te sientes el más fracasado, desilusionado y comienza la angustia. Esto del tercero parecería que siempre estuvo gravitando en tu vida como una necesidad de compararte. Por ejemplo en tu infancia, tu madre a quien añorabas y con quien deseabas reencontrarte al regreso del jardín eligió a tu padre para procrear a tu hermanita y sentiste como que te traicionó, como que te dejó".
Martin: "¡Sí, es verdad! Yo nunca pensé en lo que los tríos podrían llegar a significar... la verdad, lo que siempre me enciende y me atrae es que están ocupadas con otro... entonces mi tirada es conquistarlas. Pienso que el problema lo tengo con todas las mujeres y con ellas aparecen los miedos: miedo a que nunca voy a encontrar mi paz con ninguna mujer, miedo a no poder confiar en ninguna mujer, miedo a que nunca podré amarla, miedo a dejar de ser *un niño y convertirme en hombre...*"

Es evidente que lo que le atrae de estos tríos es el desafío que arma en su cabeza, donde él es el que tiene que resultar victorioso, enamorando a la chica en cuestión, (triunfo del ideal del yo) y en caso de no serlo, empieza a armarse fantasías que lo destruyen y angustian, pues lo hacen revivir su fracaso edípico. Con el correr de las sesiones se hacía más evidente el trastorno narcisista que padecía,como también su complejo de Edipo y de Castración no superado; transformándose estos complejos en desvastadoras sensaciones de aniquilamiento de su yo. Se auto-critica diciendo él que es un "bocón" pues siempre en el trabajo o donde sea, habla de sus "conquistas" rebajándolas y mostrándose él como un macho todo poderoso; su medida de auto-idealización es pareja con el desprecio que siente por otros, pero permanece pendiente de cómo lo juzgan los demás. A pesar de esto, en la intimidad, reconoce que le cuesta mucho ir a los antros y encarar a una chica, por eso no va, pues tiene problemas para relacionarse. Por lo tanto su furia narcisista surge frente a las frustraciones que tengan relación con el lustre y su autoestima herida. Esta ira es una reacción a su vulnerabilidad e intolerancia a mínimas críticas, a la traición.El fallo siniestro de su padre cuando le dijo que estaba para ser campeón, pero se iría a la "B", o sea que nunca sería un triunfador, le produjo otra herida narcisista, que se agregó a su preocupación constante centrada en el sí mismo. La significación de este tema y de otros quedó grabado en su inconsciente, y en la formación de un *self* defectuoso y fragmentado (al estilo Kohut) y debido a la falta de respuestas empáticas tanto de su padre como de su madre a lo largo de las diferentes etapas del desarrollo (infancia y adolescencia), no le permitieron cohesionar su yo, ni sentirse satisfecho de sí mismo como tampoco de sus realizaciones más palpables y cotidianas. Por ej. Martín se pagó solo la Universidad privada en Buenos Aires, su terapia, se fue a vivir solo, emigró del país y aquí es un excelente operador en el comercio de internet estos son algunos logros, sin embargo, él no los ve como tales.

El planteo reiterado que hace en sesión muestra la pobre imagen que tiene de sí mismo: "*A veces pataleo con Yamila* (su novia que es la swinger) *como si fuese un chico chiquito, la hago llorar o se pone a llorar, me dice cosas relindas o se hace la víctima ya flojo... Después me siento mal conmigo mismo por no haberme comportado como hombre... Me siento mal que me va a dejar por ser un pendejo, muchas veces estoy pensando en si los otros tipos con los que estuvo fueron mejores o peores a mí (fueron más machos que yo, hombres de verdad) generalmente me siento inferior a ellos y esto me angustia muchísimo y me tira la autoestima abajo...Con los tipos que ella estuvo pienso que son mejores que yo, porque la hicieron bien, se la cogieron lo que tuvieron que cogérsela y desaparecieron, no se involucraron emocionalmente... Pienso que esos son hombres de verdad, no yo que como un pendejo sigo perdiendo el tiempo con esa mina... Con mis ex novias también me pasaba que los novios anteriores yo me los imaginaba como mejores a mí, más hombres, sin conflictos, con toda la confianza en sí mismos...*"

En esta viñeta y en otras se visualiza cómo Martín sufre una constante angustia en la relación con los otros, se inquieta y cavila por el resultado de la interacción con los demás, donde los demás son siempre mejores que él.

Él siente, pero critica lo que siente y cómo siente su afecto por "esa mina". No sabe cómo responder, cualquier imagen de sí mismo es afectada por una gran inestabilidad y puestas en cuestionamiento por cada confrontación con el juicio de otros. Son imágenes antagónicas y polarizadas, no hay matices: *"soy un macho o soy un pendejo, que además tiene un pene chico".* Esta valoración oscila entre juicios de perfección (atribuidos al *yo* ideal, cargado de la omnipotencia infantil) y juicios de denigración (categorías absolutas de condena por un *superyo* arcaico cargado de sadismo infantil determinado por la castración). Este tipo de pensamientos lo colocan en constante zozobra, lo que le produce que sus pensamientos sean confusos, mostrando una inseguridad básica, un clima de ataques y lamentos; ya que cada confrontación con el mundo, pone en tela de juicio lo que piensa de manera radical y no de modo relativo. La defensa caracterológica frente a los riesgos de estas oscilaciones, es la restricción del yo, evitando pasar por los peligros de esas valoraciones inexorables, que finalmente lo deprimen. Sus estados de depresión que son frecuentes y de constante pena por la falta de un sí mismo más coherente y cohesionado. La autoestima y la imagen de sí mismo disminuye severamente con la convicción confusa de "no sé cómo tengo que ser" (problema de identidad) o "lo que tengo que sentir" (problema con los afectos). Heinz Kohut propone diferenciar entre un narcisismo sano o maduro, un amor a sí mismo con sus limitaciones humanas diferente del narcisismo patológico con poco amor a sí mismo, que se manifiesta por baja auto-estima y aislamiento por temor al vínculo afectivo (esquizoide-paranoide). Martín sufre de un narcisismo patológico con situaciones traumáticas, decepciones repetitivas padecidas en su pasado y de manera pasiva y donde en su inconsciente las reedita (ej: recuerdos de las burlas de su madre en su infancia, sus traiciones, los juicios de desvalorización en labios de su padre,entre otros).

Algunas ocurrencias técnicas

Me di cuenta durante el paso de las sesiones que la comprensión y la empatía eran más importantes que la interpretación en sí. La interpretación servía para que Martín descubriera algunos hitos de su infancia o adolescencia, servía para que se sintiera comprendido. Para Kohut la experiencia psicoanalítica, la elaboración transferencial es una nueva oportunidad que tiene el paciente para una maduración afectiva. La transferencia narcisista de Martín hace que incluso la figura del analista, en este caso yo, sea una gran oreja que escucha, que está acompañando, permitiendo y aguantando todas las ocurrencias. Contra-transferencialmente es difícil. A veces siento que no le ayuda nada lo poco que le digo o intervengo y luego me sorprendo cuando me comenta después de alguna sesión, de un viernes por ej: "... *Salgo bastante relajado, me levanté al otro día relativamente bien, pero salgo pensando, cómo hacer para pensar sólo en los momentos cuando vengo a terapia...*"

Fue en ese momento cuando se me ocurrió, a modo de una tercera sesión o de una nueva estrategia psiconalítica, que me escribiera cuando sintiera angustia y me lo enviara por correo, para que juntos trabajemos en la sesión sus emociones y pensamientos. Martín escribe de vez en cuando y lo hace en momentos de mucha aflicción y congoja. Y así como fue encuadrado retomamos su escritura en las dos sesiones semanales que tiene, si es que es necesario y en función de comprender. Pienso que esta nueva estrategia psicoanalítica sirve en especial para estos casos de dificultades o trastornos narcisistas y donde el vínculo dual es el que prevalece, por lo cual habría que reconstruir ese tejido nuevamente.

Resumen

Martín padece serios problemas de identidad, cuyo resultado produce un trastorno narcisista, que le ocasiona preocupaciones tanto de su imagen como de su autoestima. Las elecciones de pareja resultan fallidas, dependientes y poco gratificantes. Además padece temores persecutorios que seguramente tendrán que ver con su poca auto-valoración. La muerte de su padre, acaecida en su adolescencia, le trajo severas consecuencias en la conformación de su personalidad. Establece vínculos sexuales que resultan ser infantiles, padeciendo dependencia patológica con fantasías perversas pre-genitales. Los pensamientos de Martín son en general pensamientos confusos que lo llevan a la depresión y al llanto.

Palabras clave: Trastorno narcisista, autoestima, identidad, dependencia, pre-genitalidad, depresión.

Summary

Martin suffers from serious problems of identity the result produces a narcissistic desorder that causes image concerns whether an self- esteem. Elections are unsuccessful partner,dependent and unrewarding. Also suffers from persecutory fears thatsurely will have to do with your self-worh little. The death of is father occurred in his teens, the difficult person by his mother real, brought severe cosequences and the conformation of his personality sets sex links happen to be children, suffering from pathological dependence and perverse fantasies pre-genital Martins troughts are generally confused troughts, that lead to depression and crying.

Key words: Narcisistic disorder, self esteem, identity, dependency, pre-genitality, depression.

Referencias bibliográficas

FIORINI, H. (1997). Estructuras y abordajes en psicoterapias psicoanalíticas. Nueva Visión.

FREUD, S. (1914). Introducción al narcisismo. *Obras Completas*. Amorrortu.

KERNBERG, O. (2001). Desórdenes fronterizos y narcisismo patológico. Paidos.

KOHUT, H. (1996). Análisis del self. Amorrortu

KOHUT, H. (1986). ¿Cómo cura el análisis? Paidos

YILDIZ, I. (2008). Teoría sobre los Afectos y síntomas, Bogotá, Colombia.

Cómo despertar los afectos de la vitalidad en la gestación[1]

Catalina Harrsch Bolado[2]

Introducción

El presente trabajo aborda la problemática de un diagnóstico de depresión en una mujer gestante, que acude a consulta a principios de su tercer embarazo. La paciente y su pareja habían recurrido a un método llamado "Sexación" para garantizar el poder concebir a una hija mujer que deseaban tener, ya que sus dos hijos mayores son hombres. Cuando se entera que el bebé que espera es un varón, la reacción depresiva de la paciente se agudizó y, perdió todo interés por ese bebé.

Dolto en su artículo sobre la función maternal y su simbología señala que "la palabra <<madre>> quiere decir, para todo ser humano, no solamente una mujer como criatura pasiva gestante y mujer consciente de gestar o de haber traído al mundo hijos carnales; <<madre>> quiere decir <<incontestablemente>> y significa para todo ser humano, más allá de su historia anecdótica de feto y de niño de pecho afortunada o desafortunada, la representación humana de la creatividad, es decir, el símbolo mismo de la fertilidad" (2000, p.59). Añade que gestar es, para la mujer, manifestar por un acto corporal sexual su rechazo, su aceptación o la donación incondicional de su sexo a las leyes de la creación a través de sus procesos biológicos. Si bien, la mujer gestante no siempre cursa su embarazo en condiciones óptimas; puede presentar problemas psicológicos por diversas circunstancias, que afectan al bebé desde el período fetal. Como se hace patente por ejemplo, cuando falta la ternura en el inicio de un ser humano, se trastoca su poder libidinal. Cabe señalar que la madre conduce su gestación en una relación emocional interpersonal con los otros, sea el padre o no, en emociones

1 Trabajo presentado en el LII Congreso Nacional de Psicoanálisis. Actualizaciones en Psicopatología. Teoría, Técnica e Investigación. Febrero, 2013. México.

2 Doctora en Psicología por la Universidad Iberoamericana. Psicoanalista del Círculo Psicoanalítico Mexicano.

tranquilas o tensas, alegres o ansiosas, perceptibles orgánicamente, de paz, de tensión o incluso de muerte (Dolto, 2000).

La psicopatología de las mujeres embarazadas es una vía abierta a la observación de las relaciones iniciales del ser humano consigo mismo y con los demás, en la combinación que se está haciendo de su fisiología, con la de su madre. Las madres en el Siglo XXI, señala Alizade (2006), nos confrontan en la práctica clínica y en la teoría, con cambios fascinantes que trascienden el ideal de la tradición maternal, como en el caso de las nuevas técnicas reproductivas en la maternidad.

Mehler (2006, p.37) se refiere al embarazo artificial y a la asistencia especial en el embarazo en las diferentes culturas, en las que causa impactos diversos al abordar estos aspectos. La autora considera que el estudio del embarazo asistido puede contribuir a la comprensión psicoanalítica de algunas teorías. Por ejemplo teorías que analizan los problemas del proceso de diferenciación del *self* y del objeto, de las fantasías acerca de los objetos internos y del proceso de identificación con las figuras primarias. Añade que estos conceptos influyen a la comprensión de la interacción padres-hijos, en particular en el sentido subjetivo del devenir un hijo-hija real y verdadero de la pareja que funcionarán como padres en el contexto social y psicológico.

En el caso que nos ocupa en el presente escrito, la viñeta clínica ilustra una de las nuevas técnicas reproductivas en la maternidad: La sexación. Dicha técnica, a decir de la paciente, es un método por el cual se realiza una inseminación artificial en el útero de la madre, con los espermas del padre, con lo que les "aseguran" a los padres el sexo de su futuro bebé. Así en el método del proceso de sexación aíslan los espermas YY del padre vs los XY, para implantar en la matriz sólo los espermas XY, para "asegurar" que el bebé que van a concebir sea una mujer, una bebé mujer acorde al deseo de los padres. Igualmente, hacen el procedimiento con los espermas YY, si el deseo de los padres es tener un hijo varón.

Aquí se trata de una inseminación artificial desde el deseo de los padres. Se trata de una mujer y un hombre, fértiles ambos, con el deseo de concebir una hija mujer, ya que previamente habían concebido dos hijos varones. Es un sistema artificial, por lo tanto más allá del aparato humano natural. Si bien hay que diferenciar el deseo de embarazarse desde el narcisismo, del deseo de la maternidad y la paternidad, desde el erotismo y la ternura como pareja.

La serie de fantasías pre-conceptivas acerca del tercer bebé que va a entrar en sus vidas, no son iguales ahora que han realizado una intervención artificial, esto es una inseminación artificial que "asegura" el sexo del bebé que van a concebir. Mehler comenta que hay muchas razones intrínsecas que especifican el vínculo y la relación de la pareja, que juega un rol en la elección de una técnica de reproducción artificial para engendrar un hijo.

Por otro lado, actualmente ya se considera pertinente el tratamiento psicoanalítico en el caso de una paciente embarazada. Vives y Lartigue (1994, p.96) aluden que "en la década de los sesenta sesentas se inició formalmente la investigación psicoanalítica sobre el embarazo con los trabajos pioneros de Bibring y cols. (1959, 1961), quienes postularon que la gestación es una etapa crítica del ciclo vital femenino y, como toda crisis, suele acompañarse de profundos y dramáticos cambios psíquicos en íntima correspondencia e interrelación con los cambios somáticos".

Hay éxitos y fracasos en la crisis del embarazo. En el caso que aquí se presenta se refiere al fracaso, cuando la crisis de la gestación parece que no se supera, y como señalan Vives y Lartigue (*Ibídem*, p. 96), esto puede provocar que "la mujer haga una regresión a etapas previas de su desarrollo y, consecuentemente, quede muy limitada para asumir la maternidad y realizar adecuadamente las tareas que dicha función conlleva".

Viñeta Clínica

Sara, es una mujer de 28 años y seis años de matrimonio, que acude a consulta a principios de su tercer embarazo. Como se mencionó al inicio del presente trabajo, la paciente solicita ayuda psicoterapéutica por presentar síntomas de depresión. La psicoanalista se cuestionó el por qué esta mujer solicitaba tratamiento con ella, si sabía que conocía la historia de su madre, de su padre y de sus abuelos. La respuesta fue, "¡*exactamente por eso*!". Sin aludir a algo al respecto de sus antecedentes familiares, transferencialmente, la paciente estaba depositando en la psicoanalista la figura de la madre buena; esa mujer en la que confiaba para sacarla del atolladero en el que estaba, de momento por la mala relación con su esposo.Después de concebir dos hijos varones de forma natural, Sara deseaba concebir una hija mujer, con tanta vehemencia que recurrió a una inseminación artificial, que le "garantizaba" por medio del método llamado "sexación", el tener una hija mujer. Sin embargo esto lo aclaró después de varias sesiones.

Al inicio del tratamiento sólo mencionó que su esposo y ella se habían sometido a un tratamiento, sin especificar cuál. En esta etapa, el discurso de Sara giró en torno a los conflictos de pareja, tanto de tipo afectivo y sexual, como por el dinero que ella gastaba. Asimismo por conflictos en relación a la educación de los hijos.

En este período su libido y foco de atención estaba puesto en ese bebé mujer que iba a nacer. Como viaja con frecuencia a Estados Unidos de Norteamérica y además es muy hábil para hacer compras por internet, ya había adquirido una cantidad enorme de cosas para la bebé, como vestidos, moños, etc., incluso todos los accesorios para decorar la habitación. A pesar de los conflictos con su esposo, la ilusión de tener a su bebé mujer, quien ya tenía un nombre propio, constituía la base de su alegría, de su apego, vínculo y pulsión de vida.

De acuerdo con la hipótesis de Green (1998, p. 72-73) "La perspectiva esencial de las pulsiones de vida es asegurar una función objetalizante", esto es realizar un investimiento significativo del objeto. De la pulsión de muerte, "la perspectiva es cumplir en todo lo que sea posible una función desobjetalizante por la desligazón".

Dos meses después, el médico le anuncia a Sara que el bebé que espera es un varón. La reacción depresiva se agudizó y, perdió todo interés por ese bebé. Se podría decir que lo borró de su espacio psíquico. Es en este momento en el que hace explícito el método de sexación al que habían recurrido por inseminación artificial, por lo cual estaban absolutamente seguros de haber concebido una hija mujer. Ante la desilusión, se produce en Sara un duelo, una pérdida por herida a su narcisismo, con el efecto de desapego, desligazón y desinvestimiento del feto.

La psicoterapia se centró entonces en trabajar su duelo y la idealización que Sara había construido desde el deseo de ser madre de una hija mujer, con la fantasía inconsciente de reparar el vínculo hostil que ha tenido con su propia madre, a quien no tolera porque sufre de una severa depresión y alcoholismo. Su padre la saca de quicio por sus conductas perversas y sobra decir que con su esposo también sostiene una relación conflictiva. Aparentemente por cuestiones de dinero, pero el distanciamiento afectivo es tal, que el esposo desde hace tiempo duerme en el cuarto de su hijo mayor, de cinco años. La causa a decir de Sara, es porque ronca mucho y además no tolera el ir y venir de un bebé con su madre en la madrugada, a la hora que Sara les ha dado el pecho a sus bebés. No obstante el padre sí ayuda a bañar a sus hijos, darles de merendar y dormirlos. Si bien, Sara se queja porque no la apoya en la implementación de hábitos.

En el tiempo en que la paciente cursa el sexto mes de embarazo y ya consciente de que es un feto varón, se hace muy evidente que no logra vincularse con su bebé; no logra siquiera imaginar al bebé que lleva en el vientre. Ese bebé varón negado y rechazado se ha convertido ahora en el motivo de la psicoterapia, en tanto la psicoanalista se ha abocado al trabajo de despertar en Sara afectos de vitalidad en su proceso de gestación; esto es, vincularla con su bebé desde la pulsión de vida. Antes de las vacaciones, el proceso psicoterapéutico se enfocó a promover en Sara fantasías sobre su bebé varón imaginario. Al principio sólo aparecían los mecanismos de negación y escisión. Sentía nada al respecto, fantaseaba nada de ese bebé.

Cuando analizamos el nombre que le pondrían al bebé, -nada-, no había como nombrarlo. Parecía que no era posible gestar una identificación de la madre con su feto varón, un vínculo madre-hijo. Como señalan Vives y Lartigue (1994, p.97) "una nueva oportunidad simbólica representada por el producto en crecimiento, que si bien está dentro del cuerpo, es un objeto del mundo externo que está siendo catectizado por la libido".

La sensación contratransferencial de la analista fue de impotencia por un lado y de regresión por otro lado. Así fue hace muchos años, cuando la madre de Sara fue una de las primeras pacientes que tuvo cuando cambió de ciudad. La psicoterapeuta, en ese entonces, la nombró "mi paciente estrella", porque después de cada sesión, dice "me dejaba estrellada". Esto es anulada e impotente. La pulsión de muerte predominaba. En esa época los padres de Sara se debatían entre la vida y la muerte. Vivían día y noche con una pistola arriba del televisor, en una relación sado-masoquista, para ver quién era el primero en jalar el gatillo ante un conflicto entre la pareja.

La intención de la presente comunicación no alcanza para ahondar en esa experiencia terapéutica. Sin embargo, es importante para el análisis de Sara aclarar que la pulsión de muerte predominante en la relación de sus padres, constituyó un factor inminente en su desarrollo como bebé, niña, adolescente y mujer. Hasta ver, hoy por hoy en Sara que como mujer gestante no puede catectizar al feto que crece en su vientre, desde la figura de la madre internalizada. La identificación de Sara con su bebé varón no logra representar una fuerza motivacional: una pulsión de vida. Como diría Dolto (2000) una mujer embarazada, consciente o no de su embarazo puede decir palabras reveladoras a propósito de su gestación, que el lenguaje de su cuerpo manifiesta. Un feto es siempre una vida, una vida envuelta en carne.

Después de las vacaciones, en su primera sesión, Sara entra muy sonriente y relata que ha estado pensando mucho en el tema de las fantasías sobre su bebé varón. Siente que ya está superando el duelo por la pérdida de la ilusión de tener una hija mujer y que simultáneamente se empieza a imaginar a su hijo varón. En el devenir de la sesión Sara acaricia su vientre con una ternura inusitada en ella y comenta que el bebé ya tiene nombre.

Tesone (2011) comenta que el deseo de los padres que preside a la elección del nombre del hijo-hija, contribuye a determinar al ser humano. Dar un nombre propio, idóneo al objeto en gestación, significa colocarlo en el sistema relacional, insertarlo en el orden de las relaciones humanas. El nombre conduce a, e instala dentro de, el *self* primordial de la presencia del otro.

Añade Tesone que el nombre propio promueve la experiencia de identidad. Los padres anuncian al hijo-hija antes de su concepción y en este discurso se crea en el embarazo un espacio, al principio del bebé imaginario, de la existencia que ocupará. Después del nacimiento, el bebé real, viene a ser un interlocutor cuyo propio nombre tendrá un valor de reconocimiento, identidad y existencia en el mundo. El primer nombre es inseparable del *self,* es la esencia que individualiza a la persona. Identifica el deseo de los padres y conecta las funciones simbólicas de la maternidad y paternidad.

Finalmente, en el trabajo psicoterapéutico se avizoran algunos frutos. La paciente Sara, manifiesta con su expresión verbal y corporal, estar despertando a los afectos de la vitalidad[3] en su ser gestante, así como a una reciente sensación de deseo de vincular a su bebé varón e identificarlo con un nombre, que le facilitará constituir la experiencia de su identidad. Féder (2007) alude a un principio ético primordial: "Todo niño tiene el derecho indiscutible de ser y de sentirse deseado antes y después de ser concebido".

Resumen

El presente trabajo versa sobre el diagnóstico y tratamiento de una mujer gestante, que acude a consulta por presentar síntomas de depresión. Con el propósito de engendrar una hija mujer, la pareja se sometió a una inseminación artificial (sexación) que les aseguraba la realización de su deseo. Sin embargo, se enfrentaron a la realidad de que el hijo concebido era un varón. En la madre se agudizó el estado depresivo y perdió todo interés por el bebé. Se podría decir que lo borra de su espacio psíquico, con el efecto de desapego. El tratamiento se centró inicialmente en elaborar los conflictos con la pareja y con los padres de la paciente, así como el duelo por la pérdida de haber sido madre de una hija mujer. Posteriormente el tratamiento se abocó a promover la construcción de fantasías sobre su bebé varón imaginario en gestación y la importancia de la elección de un nombre propio para el bebé, así como a despertar afectos de la vitalidad en su ser gestante.

3 Para profundizar en los afectos de la vitalidad ver el último libro de Daniel Stern (2010).

Palabras clave: Depresión, gestación, pulsión de vida.

Summary

The present work deals with the diagnosis and treatment of a pregnant woman, that came to the clinic by presenting symptoms of depression. With the purpose of engendering a daughter women, the couple proceeded to an artificial insemination (sexacion) who "claimed" the realization of her desire. However, confronted with the reality that the Child conceived was a male. In the mother deepened the depressive state and lost all interest in the baby. We might say that removes it from her psychic space, with the effect of detachment.Treatment inisitially focused on the development of the conflict with the couple and with the parents of the patient, as well as the mourning fortheloss of having been mother of a daughter. Subsequently, the treatment was focused to promote the construction of fantasies on the baby boy imaginary in pregnancy and the importance of the choice of a proper name for her baby, as well as to awaken feelings of vitality in their being pregnant.

Key words: Depression, gestation, pulsion of life.

Referencias bibliográficas

ALIZADE, A. M. (2006). (Edit).*Motherhood in thetwenty-first Century.* London: Karnac.

DOLTO, F. (2000). *Lo femenino. Artículos y Conferencias.* Buenos Aires: Paidós.

FÉDER, L. (2007). Pre-génesis. Con la Preconceptología hay un nuevo amanecer. Publicación Personal.

GREEN, A. (1998). Pulsión de muerte, Narcisismo Negativo, Función Desobjetalizante. En *La pulsión de muerte.* Buenos Aires: Amorrortu, pp.72-73.

MEHLER, J. A. (2006). Artificial Pregnancy. En *Motherhood in thetwenty-first Century.*M.A. Alizade (ed.), London: Karnac, p.37

STERN, D.N (2010). *Forms of vitality: Exploring dynamical experience in Psychology, the Arts, Psychotherapy and Development.* Oxford: University Press

TESONE, J. E. (2011). *In the traces of our Name. The influence of given names in life.* London: Karnac.

VIVES, J. Y LARTIGUE, T. (1994). El Tratamiento psicoanalítico durante el Embarazo. En *Apego y Vínculo Materno-Infantil.* (Coordinadores). México: Universidad de Guadalajara y Asociación Psicoanalítica Jalisciense, pp.96-97.

Desarrollo de la preocupación maternal primaria en madres de bebés prematuros hospitalizados

Camille Cassereau[1]

Introducción

Al trabajar en el área de cuidados intensivos neonatales de un hospital privado de la Ciudad de México, me ha resultado de sumo interés observar lo que sucede cuando un bebé nace de manera prematura; lo que sucede con él y con su madre. En ocasiones, los padres ya sabían que el bebé nacería antes de tiempo y en otras fue algo sorpresivo. En ambos casos, justo después del nacimiento (generalmente por cesárea), la madre es llevada a una sala de recuperación y después a su habitación, y el bebé a la UCIN donde se le realizan los procedimientos necesarios y es puesto en una incubadora. La madre podrá verlo cuando sea capaz de caminar hasta el área, es decir, hasta 48 hrs. más tarde.

A partir de aquí, la situación es muy variada dependiendo del estado de prematurez y de salud del bebé. En casos complicados, el bebé puede estar intubado, conectado a un ventilador mecánico, sujetado de la cabeza, con los ojos tapados, con un catéter en el ombligo, conectado a monitores del tobillo y muñeca y con los monitores y soluciones al lado del ventilador, todo esto mucho más grande que el bebé quien se pierde y es difícil de encontrar. El pequeño tiene un pañal de prematuro que, pese a ser específico de su condición, puede cubrirlo hasta la altura de las axilas y dejarlo casi invisible. La imagen del bebé puede, dependiendo de su nivel de desarrollo y condición médica, también ser muy impresionante: la desproporción del tamaño de la cabeza con el resto del cuerpo, el tono casi transparente de la piel, la forma de la cara, la posición fetal, el vello que cubre parte importante

1 Analista en formación, Instituto de la Asociación Psicoanalista Mexicana (APM); Diplomado Internacional de la Parentalidad, Centro de Estudios de Postgrado APM y en Psicoterapias Bebé- padres, Grupo Internacional para el Estudio de la Parentalidad y Prevención de la Violencia.

del cuerpo, por supuesto, el tamaño. Todo esto se aleja radicalmente de la imagen fantaseada del bebé desde el narcisismo de la madre (Folliero, 2003; Ammaniti, 1995); es a esta imagen a la que la madre, separada de su hijo antes de tiempo, se enfrenta y con la que tendrá que lidiar, si todo sale bien (es decir unos días o varios meses después) hasta que la o el bebé sea dado de alta; aunado a lo anterior se encuentra el inenarrable sufrimiento psíquico de ambos padres. Durante la hospitalización, el bebé se enfrenta a toda una gama de retos: El control de la temperatura, la respiración por sí mismo sin necesidad de oxígeno, el peso, la alimentación. Esto si no se dan infecciones o complicaciones con algún órgano.

Los padres tienen ahora que someterse a todas las reglas impuestas por el hospital y los médicos, quienes sólo así podrán probablemente salvar al bebé. El hospital impone horarios de visita; únicamente la madre y el padre pueden pasar, tres horas por la mañana y tres por la tarde. Los abuelos, tíos y otros hermanos no podrán conocer al bebé hasta que termine esta complicada y dolorosa etapa. Las enfermeras son quienes realizan todos los cuidados del bebé y cada vez que éste necesita algo, piden a la madre que salga para que ellas cambien el pañal, alimenten, pasen algún medicamento, saquen flemas etc. (sólo cuando está mucho más estable comienzan a permitir que la madre permanezca en la sala y cuando el alta está muy cercana comienzan a incluirla en los cuidados). En ocasiones, en un principio los padres sólo pueden tocar delicadamente alguna parte del bebé y pasa un tiempo hasta que puedan cargarlo. En distintos hospitales las reglas de visita e involucramiento de los padres y familia con el bebé varían. A pesar de que la UNICEF (Ravalli y Ortiz, 2010) ha publicado un decálogo de derechos humanos del recién nacido prematuro en el que el número nueve se refiere al derecho a estar acompañado constantemente por la familia, la realidad de los hospitales es otra.

¿Qué sucede con estas madres? Primero el embarazo se interrumpe antes de tiempo, después se da una separación traumática que impide este primer momento de unión e identificación entre madre e hijo. La imagen real del bebé no corresponde a la fantaseada. Se producen altos niveles de angustia debido al peligro real por la sobrevivencia del bebé. Las funciones maternas no se ponen en práctica y todas las necesidades del bebé son cubiertas por otras personas dejando a la madre en condición de visita para su hijo. ¿Qué sucede con la o el bebé? El bebé es separado prematuramente del vientre de su madre y es puesto en un ambiente en el que la cantidad de estímulos que recibe es muy superior a los que puede manejar. No tiene un equipo preparado para lidiar con el ambiente externo y menos con un ambiente sumamente invasivo con aparatos, revisiones, procedimientos, piquetes, luces, ruidos etc. No hay nada que le resulte familiar en este entorno.

Recientemente se han llevado a cabo numerosas investigaciones en las que se busca entender desde el punto de vista emocional la experiencia de los nacimientos prematuros, sus causas y sus consecuencias. Así por ejemplo Lange (2011) llevó a cabo una investigación en la que relaciona el estrés prenatal y su influencia en el desarrollo fetal y marca el nacimiento prematuro como una de sus consecuencias. Por otro lado, Mello et al.(2011) desarrollaron una investigación en la que compararon dos grupos de bebés unos estuvieron en incubadora mientras los otros formaron parte del programa del Método Mamá Canguro (Charpak y Figueroa, 2010). Mostraron cómo el segundo grupo presentaba menores concentraciones de cortisol en la saliva y tuvieron un mayor tamaño que los del primer grupo. Estos resultados se asociaron con la presencia materna del segundo grupo.

Marco téorico

Winnicott (1956) plantea el concepto de preocupación maternal primaria que: a) se refiere a un estado que se desarrolla en la mujer durante el embarazo y en particular hacia el final del mismo; b) consiste en una sensibilidad exaltada; c) dura unas cuantas semanas después del nacimiento del niño; d) la mujer se repone de este estado después, cuando el niño la libera y e) no es recordado fácilmente por la madre, puede ser un recuerdo reprimido. Se trata de un estado que, de no ser por el embarazo, podría considerarse patológico y que puede compararse con un estado de replegamiento o disociación, puede incluso llegar a presentarse como un estado esquizoide.

Efectivamente la madre necesita ser capaz de alcanzar este estado para poder adaptarse delicada y sensiblemente a las necesidades del pequeño y después recobrarse de él cuando éste la libera. Se trata de la capacidad de preocuparse por él con exclusión de otros intereses de manera normal y temporal. Puede haber madres muy buenas en muchos aspectos, pero que no alcanzan este estado o bien que lo alcanzan con alguno de sus hijos y no con otros. Es posible que esto se dé debido a ciertas preocupaciones de las que no pueden deshacerse, o bien por una fuerte inclinación masculina (Winnicott, 1956). Cuando así sucede, en ocasiones la madre, habiendo perdido la primera oportunidad, busca compensar pasando por un largo periodo de adaptación a las crecientes necesidades del niño y no siempre logra reparar la deformación precoz (*ibidem*).

Frente a este estado natural por el que pasa la madre, se encuentra un niño que tiene: Una constitución, al igual que tendencias innatas al desarrollo, así como movilidad y sensibilidad y también instintos y pulsiones. Cuando la madre alcanza la "preocupación maternal primaria", se da un marco en el que la constitución del niño se hace cada vez más evidente, las tendencias al desarrollo se despliegan, el pequeño experimenta movimiento espontáneo y se vuelve poseedor de las sensaciones apropiadas de esta fase. "Si la madre aporta una adaptación suficiente a la necesidad, la vida del pequeño se ve muy poco turbada por las reacciones ante los ataques" (p. 401) Cuando la madre fracasa, el bebé se enfrenta a fases de reacción ante los ataques y esto interrumpe su continuidad existencial. Cualquier exceso en estas reacciones da lugar no a la frustración, sino a la amenaza de aniquilamiento lo cual es una angustia primitiva muy real (Winnicott, 1956). Es esta suficiencia en la continuidad existencial lo que representa la base para la instauración del yo y esto sólo es posible en un principio si la madre alcanza el estado de preocupación maternal primaria. En efecto, las necesidades del bebé comienzan por ser corporales y poco a poco se van volviendo necesidades del yo. La persona más idónea para cuidar a un bebé es entonces su madre, ya que es ella quien puede alcanzar este estado sin caer enferma -sin embargo, cualquier persona podría llegar a una adaptación suficiente mediante una identificación con el bebé (*ibid*).

Así, un medio suficientemente bueno en esta fase primera permite al bebé comenzar a existir, a tener experiencia, a construirse un yo personal, a dominar los instintos y a enfrentarse a todas las dificultades inherentes a la vida. De lo contrario, la sensación de realidad no se da y, sin demasiado caos, lo que se da es una sensación de futilidad. Se vuelven inalcanzables las dificultades inherentes a la vida y aún más las satisfacciones y se desarrolla un falso *self*. Estos primitivos mecanismos de defensa corresponden al temor a la aniquilación (Winnicott, 1956).

El bebé, en sus últimas semanas de vida fetal y primeras después del nacimiento, se enfrenta a una etapa crítica en la que es muy sensible a los efectos de su ambiente, debido a que se da el paso de un estado en el que sus necesidades son satisfechas automáticamente, a un estado en el que debe enfrentarse a sus impulsos y apropiarse de su corporeidad. En el caso de la prematurez, el proceso de desarrollo intrauterino se interrumpe y se le impone a cambio condiciones de vida poco naturales y poco manejables

(Batista *et al.*, 2004). En las unidades de cuidados neonatales, la muerte y la enfermedad son las fantasías que reinan entre los padres y los profesionales, también los ataques contra el instinto de muerte y las angustias que los siguen. Todo esto afecta el ambiente del bebé. Dado que la estimulación que recibe el bebé está más frecuentemente relacionada con las manipulaciones o los procedimientos, puede desarrollar una barrera protectora de estímulos que lo aísla de las sensaciones que pueden ser vividas como una super-estimulación *(ibid)*.

Durante el embarazo, la mujer se centra en el feto y en sí misma formando así una complementariedad psíquica. Cuando el niño nace, se da una ruptura de esta organización narcisista, pero la dependencia mutua persiste por un tiempo. Es esta simbiosis la que permite establecer los vínculos necesarios y dar la base para el desarrollo de las potencialidades del niño. Se da entonces una etapa en la que reconoce la desaparición de la piel común y el reconocimiento de cada uno con su propia piel. Esto permite a la madre desarrollar sus capacidades creativas para poder adaptarse a las necesidades del bebé. Se da una reorganización psíquica que puede ser temporal y de duración variable, pero su eje dominante es la maternidad. En el caso de un bebé prematuro, también se tiene a unos padres prematuros cuyo embarazo fue interrumpido y asociado a condiciones traumáticas y esto provoca la reactivación de angustias de separación y de pérdida *(ibid)*.

Los padres desde el primer contacto con la prematurez, inician un camino salpicado de angustia, temor e incertidumbre, que muchas veces se prolonga más allá de la hospitalización del niño/a. El cuidado hacia el hijo prematuro es ambivalente, lo maltratan y abandonan o lo sobreprotegen. Se deteriora la imagen de sí mismo, la relación de pareja y la interacción con los otros hijos, lo que en ocasiones culmina incluso en la ruptura matrimonial (Rossel *et al.*, 2002). Intentar comprender las emociones de los padres de niños prematuros implica necesariamente experimentar paso a paso sus vivencias y comprender una realidad afectiva sumamente deteriorada. El conflicto emocional se inicia generalmente en el embarazo, con síntomas de aborto u hospitalizaciones repetidas, que certifican la condición de riesgo del bebé. Ello se ve reflejado a través de fuertes sentimientos de rabia, culpa y angustia que perduran a lo largo de toda la hospitalización (60% de las madres recuerda su embarazo como una experiencia desagradable aun después de la tercera semana de hospitalización). Sin embargo, el verdadero sufrimiento comienza posterior al parto, cuando pierden las esperanzas de tener un hijo sano La mayoría de las madres (75%) se sienten culpables e impotentes frente a la prematurez de su hijo, a quien percibe pequeño y deforme *(ibid)*.

Una de las dificultades que experimentan especialmente las madres de prematuros es la incapacidad de poder establecer apropiadamente un vínculo afectivo. Se dificultan las visitas posteriores -18% de las madres no logra ver ni tocar a su bebé antes del tercer día de vida (Rossel *et al.*, 2002). Los vínculos afectivos continúan entorpeciéndose dada la inmadurez neurológica de los prematuros al no poder girarse, abrir los ojos o sonreír frente a los estímulos de sus padres, lo que crea la sensación de no ser correspondido y genera en las madres sentimientos de tristeza y soledad, especialmente durante la primera semana de vida (75%). Si a lo anterior agregamos un entorno inhóspito, ruidoso, sin privacidad y rodeado de máquinas que entorpecen aún más el contacto físico con el bebé es posible entender por qué solo el 44% de las madres se sientan agradecidas y felices de poder interactuar con su hijo en la primera semana de vida *(ibid)*. Otro problema a que se enfrentan los padres de niños prematuros es la falta de comunicación. El complejo lenguaje médico crea un abismo entre ellos y el equipo de salud. Cuando no se comprende lo que ocurre con el bebé, crece el temor a la muerte y las secuelas, se fortalece la desesperanza, la inseguridad, se inhibe el deseo de saber, ya que suponen que no comprenderán la respuesta (*ibid*).

Características de los bebés prematuros

Los padres al enfrentarse a su bebé prematuro, experimentan todo un mundo las más de las veces desconocido para ellos. Al llegar a la UCIN, poco a poco se van familiarizando con una gran cantidad de conceptos, aparatos e imágenes nunca antes vistas por ellos. Por un lado está el aspecto del niño muy diferente al de un bebé de término. Las características principales son: Aspecto frágil; Piel inmadura y "transparente"; Color rojizo o violáceo; Piel aparentemente "pegajosa" al tacto; Facilidad para amoratarse o cortarse; Pueden contar con una fina capa de vello muy suave (lanugo); Cabeza desproporcionadamente grande con relación al cuerpo; Piernas y brazos bastante largos; Poca grasa en sus huesos; Frecuentemente nacen con los párpados fusionados; Orejas poco desarrolladas muy pegadas a la cabeza y poco cartílago. En cuanto a órganos sexuales los niños tienen el pene muy pequeño y es posible que los testículos no hayan descendido de las bolsas y las niñas pueden tener un clítoris prominente y labios circundantes aun no desarrollados. En cuanto al movimiento puede presentar "sobresaltos" o "sacudidas" debido a que su coordinación sigue siendo inmadura, así como sus respuestas corporales y por último bajo tono muscular (Doolan Boyle. 2005).

Los padres también deberán enfrentarse a un pronóstico médico no siempre favorable que dependerá en gran medida de ciertos criterios como: a) La edad gestacional que es el más importante, se considera en la actualidad viable entre las 22/23 semanas en adelante; b) peso al nacimiento y c) presencia de problemas de salud graves al nacer -respiratorios, cardiacos, infecciosos, malformativos, etc. (Doolan Boyle, 2005). Por otro lado, para los padres resulta difícil e impresionante enfrentarse a los materiales y equipo médico que ayudan a su bebé. Se trata principalmente de monitores, infusiones intravenosas, catéteres, ventiladores etc. *(ibid)*. La alimentación es otro gran tema de la hospitalización. La ausencia de reflejos de succión y deglución impide que pueda satisfacer sus necesidades básicas de agua y nutrientes. Así, la forma de alimentarlo será por vía intravenosa, posteriormente por sonda. Finalmente cuando el bebé está listo, se le alimenta con leche materna o de fórmula *(ibid)*.

Los padres viven en una situación traumática y desde ahí, es imposible "pensar la experiencia de vida", tanto propia como del bebé. El área de procesamiento de la mente se apaga dando lugar a un espacio psíquico en el que no se procesa pues la situación es impensable e intolerable. Desde este lugar, no puede haber simbolización ni comprensión de la experiencia. El significado emocional interno del bebé se pierde entonces para la madre quien vive en un estado de ambivalencia entre el deseo y el rechazo del embarazo, la amenaza de un bebé defectuoso y el sueño de uno perfecto, la sensación de completud y poder o de vacío e impotencia. El pensamiento de la madre puede entonces quedar paralizado por el temor al dolor psíquico y a las heridas psíquicas tan profundas dadas por la confusión provocada por la realidad de la muerte al mismo tiempo que el nacimiento (Tracey *et al.*, 1995). Los autores comentan que la preocupación maternal primaria sí puede establecerse en los casos de nacimientos prematuros, se da no sólo para proteger al bebé de las amenazas del exterior, o para satisfacer sus necesidades internas, sino también para protegerlo de los impulsos persecutorios y destructivos, tanto de la madre como del padre y de su enojo hacia el hijo por haber nacido y por estar separado.

Otro elemento importante que se observa en los casos de bebés prematuros, es la dificultad de la madre para dar significado del mundo a su hijo. Cuando se observa a una madre con su hijo de término, muchas veces lo que se ve es una madre explicando el mundo a su hijo, ayudándole a procesar e interpretar sus sentimientos. La madre da un sentido al mundo del bebé y el bebé parece estar en busca de sentido (Cohen, 1995). Cuando el bebé es prematuro, la madre se siente inhibida en su maternidad, no puede cargar al bebé, no lo puede sacar de la incubadora y puede sentir que no es madre y que éste no es su bebé. (Con frecuencia las madres dicen que los bebés son de las enfermeras). La madre puede asumir que el bebé no la oye desde la incubadora y que por tener los ojos cerrados no está ahí, no busca sentido y ella no puede dárselo. No puede ayudarlo a interpretar el mundo, ya que es un mundo sobre el que ella tiene muy poco control, que no entiende ella misma, y en el que no está por largos periodos de tiempo *(ibid)*. Resulta complicado construir una imagen de la experiencia del bebé cuando la madre participa en esta de manera mínima. Ante esta situación, se puede negar la realidad de la experiencia del bebé, argumentando que aun no entra en el mundo de los significados. O bien, construir sofisticadas ideas en torno al bebé, lo que representa una dificultad para ver a estos bebés, pelear con un aparato tan inmaduro *(ibid)*.

Viñeta clínica

Laura estaba embarazada de su primer bebé a quien había deseado y planeado. Tuvo un cuadro de preclampsia que la llevó a tener un parto prematuro y nació Alejandro de 32 SDG con un peso de 1,200 gramos. Ingresó a la UCIN. En el momento en el que nació Alejandro, la unidad tenía muchos pacientes, muchos más graves que él por lo que el caso parecía perderse entre los demás. Aquí es donde conozco a Laura, entro al cunero y empiezo por hablar con otros padres de bebés que ya conozco. Noto como me sigue con la mirada, tratando de escuchar lo que digo, parece darle curiosidad quién soy. Finalmente me presento con ella y le explico el servicio. Inmediatamente comienza a hablarme de cómo está bien porque el bebé está bien.

En este primer momento, Laura parece muy desconectada de su hijo. Está en cambio muy al pendiente de lo que sucede en el área, de los otros bebés, del personal de salud, de las otras mamás. Le pregunto cómo está Alejandro y me contesta que las enfermeras lo cuidan muy bien, que "lo consienten mucho" porque son "muy lindas". En efecto, todos los cuidados de Alejandro están puestos en manos de las enfermeras dejándola a ella como espectadora de la vida de su hijo. Laura, en este momento se encuentra a un lado y no en contacto, observando pero no identificada con su hijo, sus necesidades, su sufrimiento. En efecto, como menciona Cohen (1995), estos pequeños nacen con los ojos cerrados, aun no listos para ver el mundo, pero sus madres y los de su alrededor, muchas veces tienen dificultades para poder verlos a ellos y prefieren cerrar los ojos ante el sufrimiento y el dolor.

Cuando Alejandro tiene una semana, Laura me platica que su madre murió justo antes de que ella se embarazara. Parece haber un tipo de molestia en el hecho de que su madre, al morir, la abandonó dejándola sola en esta tarea de ser madre y en esta difícil etapa en la que está confrontada con la muerte constantemente. En esta confrontación, se revive el duelo. Posiblemente aquí comienza a darse una ligera identificación con el bebé, con su soledad en su vida dentro de una incubadora y con una madre que no lo puede ver. En el hospital, todo el mundo ve al bebé y se hace cargo de él, ella queda aparte y siente el abandono. Entonces me pide a mí que sea su madre: me ve desde que entro, me llama Cami, sonríe cuando llego, me hace muchas preguntas, anota lo que digo, quiere ser una buena hija para mí. Efectivamente para poder identificarse con el bebé es necesario tener resuelta la relación con la propia madre. Laura no parece estar en un estado de replegamiento ni disociación, se ve muy pendiente de todo lo que pasa en el cunero. Este estado de preocupación maternal primaria se desarrolla principalmente para poder adaptarse a las necesidades y demandas del pequeño pero en este caso, las necesidades de Alejandro están cubiertas por el personal de enfermería a quienes Laura ve como las verdaderas madres de Alejandro.

Winnicott (1956) dice que este estado da la vuelta cuando el bebé libera a la madre. En este caso, Alejandro necesita de un tiempo mucho mayor para poder liberar a su madre. Los bebés nacen en un estado de suma dependencia, pero los bebés prematuros aun más. Eso que para un niño es casi automático es todo un logro para un bebé prematuro: por ejemplo, el controlar la temperatura o el poder alimentarse. Así, Alejandro va evolucionando favorablemente sin mayores complicaciones hasta que el médico le dice a la madre que se acerca la fecha de alta. Sólo falta que Alejandro pueda succionar y deglutir por sí mismo pues el peso necesario está casi ahí. Viene así una rehabilitadora física todos los días a darle terapia para mejorar la succión y la deglución.

En ese momento, Laura comienza a decirle a Alejandro que se apure, que ya se quieren ir "no seas flojo, nos queremos ir". Se nota ansiosa, desesperada, dice que ya se agotó su paciencia. Entonces, Alejandro deja de responder al tratamiento y sin hacer retrocesos no muestra ningún avance. Yo le pregunto si independientemente de él, ella está lista para ir a casa; después de un par de negativas puede contactarse con el temor que siente a tenerlo en casa, a que se ponga mal y a no saber qué hacer -a no poder satisfacer las necesidades de Alejandro que hasta ahora habían sido satisfechas por alguien más-. Regresa al diálogo inicial en el que su madre no va a estar ahí para ayudarla y comentamos como ella siente que necesita a su madre para que le enseñe a ser madre.

Después de esta intervención, comienza en Laura una etapa de descripción de Alejandro, como si me pidiera que le enseñara a verlo: "¿ya viste Cami? ¿Creció en el fin de semana? ¿Lo ves diferente?" yo le digo que sí, que ha crecido "¿en qué lo notas?, ¿qué le creció?" así que yo comento cómo empieza a tener cachete, como tiene los ojos más abiertos, un pelo muy delineado etc. y pronto ella comienza a poder verlo, me hace notar sus pies, me lo enseña cuando lo carga, me muestra su tamaño; regresa después a que no puede aprovechar su terapia y aprender. Finalmente comienza a describir su personalidad: Es un niño de ideas firmes, "no se va a ir hasta que no quiera él." "Es muy tranquilo, de nada se enoja, ha aprendido aquí a ser paciente, pero cuando no le dan de comer, ¡ahí sí se enoja! ¡Y reclama!"

Finalmente llega el día del alta. Alejandro sabe succionar y deglutir, pesa poco más de 2 kg, médicamente está sano y tiene siete semanas. Laura me explica lo que le dijo el pediatra: Alejandro se adelantó ocho semanas así que su desarrollo por un tiempo irá entre la fecha en la que nació y ocho semanas después: ahora tiene siete semanas y su desarrollo está en un punto entre el de un bebé de siete semanas y un recién nacido. Le digo que ella también está como una madre de un bebé de siete semanas con toda la experiencia hospitalaria por la que ha pasado, pero a la vez como la madre de un recién nacido que apenas empieza a ser madre. Ella contesta diciendo que ahora se siente mucho más conectada a Alejandro que como lo estaba cuando llegó.

Un año y dos meses después regresa Laura con un cuadro de preclampsia mucho más severo que el anterior que la lleva a tener un parto prematuro y a tener que permanecer hospitalizada en terapia intensiva durante una semana. Así nace Sofía de 23 SDG y un peso de 680 g. Los primeros días fueron terriblemente complicados para Laura, la preclampsia la lleva al lugar en el que murió su madre, lugar que le genera una enorme ansiedad lo que no le ayuda en la mejoría de sus síntomas. Su esposo y ginecólogo deciden ocultarle la verdad sobre el lugar en el que se encuentra y sobre su hija y ella tiene que exigirla para que le den una versión maquillada e incompleta: "Sofía está en terapia intermedia, intubada como medida de precaución y es pequeña". Tienen que pasar un par de días, ella estar más estable y llegar el neonatólogo para decirle que está en la sala de terapia intensiva neonatal, con un peso crítico, intubada, esta vez, le comenta él, no se trata de unas primeras 48 horas críticas, se trata de un mes crítico pero la niña está estable y se hará todo lo posible.

En este momento Laura se siente rodeada de hombres incapaces de entender su situación: su padre, su esposo, sus médicos, todos le piden calmarse y entender que sólo así podrá estabilizarse para poder ir a ver a su hija. Al llegar yo, en un reencuentro con ella, le reafirmo lo difíciles que deben ser los recuerdos del lugar para ella y lo complicado de no poder ver a su hija. Le pido a su esposo que le describa a Sofía, le pido a su médico que le repita que le permitirá ir al cunero lo antes posible. Ella dice sentirse comprendida, "¿verdad que no estoy loca de estar así?" Finalmente se arregla todo para poder ir al cunero. La niña está tan estable que puede ser extubada a los dos días de nacida, para cuando Laura la conoce, ya no necesita respirador. Sofía tiene una vecina, nacida un par de semanas antes y con un peso ligeramente inferior, su vecina había perdido a su hermana gemela y tenía una recuperación radicalmente opuesta a la de Sofía, de entrada, no lograban extubarla.

Ambas madres se vuelven amigas y Laura secretamente convierte la hospitalización en una competencia entre ambas bebés, competencia en la que siempre Sofía sale vencedora. Es una forma de no estar del todo atenta a su niña. Es una situación que genera mucha envidia en la madre de la vecina, amiga de Laura. Sofía no requiere de respirador antes, Sofía empieza a ser alimentada antes, Laura puede comenzar con el Método Mamá Canguro antes. En las primeras semanas, y a pesar de la preclampsia que requiere de una recuperación prolongada, Laura se ve muy entera. El comentario general del cunero gira en torno a lo fuerte que es Sofía y lo fuerte que es su madre.

Parece que Laura, para poder ser fuerte evita ver a su bebé. Esta bebé le revive demasiadas pérdidas: la pérdida de su madre, la pérdida de su primer y segundo embarazo, la hospitalización de Alejandro, la fantasía de esta vez, sí poder ser una madre que retiene a su bebé en su vientre por nueve meses. Para poder tolerarlo, Laura me habla de Alejandro, ha crecido mucho, no quiere caminar, es muy alegre. No puede hablar de Sofía. Poco a poco comienza a hablar de cómo le ha afectado a Alejandro el nacimiento de Sofía. Él es todavía muy pequeño, ellos no querían tener un bebé todavía, piensan que él no está todavía listo para recibirla. Una vez más, es en Alejandro que se depositan los temores y las fantasías de Laura.

Hablamos de Alejandro pero yo busco hablar también de Sofía, como si, identificada con ella, les pidiera que no se olvidaran. Laura la describe como "bien portada". Ella no pudo satisfacer las expectativas narcisistas de su madre pero en cambio sí está satisfaciendo estas nuevas expectativas de "bebé prematura ideal". Avanza a paso seguro con una actitud de vencedora ante su rival de la incubadora de enfrente que se queda muy por detrás. Incluso vienen otros médicos y piden ver a "la bebé de 600 g que fue extubada a los dos días". Todos la ven con orgullo, a ella, a su médico y a su madre.

Laura se va identificando poco a poco con este orgullo que viene de fuera hacia dentro y no al revés. Las cuidadoras de Sofía son las enfermeras y ella es la cuidadora de las enfermeras, busca hablar con ellas, saber de sus vidas, atenderlas para que ellas atiendan a Sofía, "es muy bueno llevarse bien con ellas para que cuiden bien a Sofi cuando yo no estoy". Se va volviendo "mamá" de las enfermeras y esto tiene el efecto en ellas de permitirle ser más mamá de Sofi. Poco a poco, ponemos en su lugar las necesidades reales de Alejandro regresando las proyecciones a Laura, volteamos la mirada a Sofía y con ayuda de las enfermeras, permitimos a Laura hacerse cargo de ella. Laura se vuelve "experta". Conoce perfectamente el funcionamiento de los monitores, con una tranquilidad sorprendente apaga las alarmas y estimula a Sofía cuando su saturación de oxígeno baja. Acomoda sus cables y tubos para poder cargarla y cuando la tiene en brazos, puede, por momentos, olvidarse de su entorno, se acerca a ella y le murmura toda una serie de cosas: "le cuento de todo, le cuento de mi mami, le cuento de su hermano, le platico de cómo va a ser todo cuando lleguemos a la casa, de cómo va a ser nuestra familia".

Laura, en este segundo intento, puede alcanzar este estado de preocupación maternal primaria. Sin embargo, lo hace de una manera particular, como si fuera con horarios. La mayor parte del día está fuera del cunero, con su hijo, con sus pendientes, siempre con Sofía en la mente. Pero tres horas en la mañana y tres horas en la tarde, llega, se sienta, se olvida de todo y le murmura a Sofía en el oído el mundo. Sofía, crece, engorda, se despierta y tres meses después está lista para ir a casa. De 680 g a 2 kg sin complicaciones. A Laura le costó trabajo entrar con Sofía en este estado, sin embargo se tuvo a ella misma el tiempo y la paciencia para poder hacerlo. Después le dio a Sofía el tiempo y la paciencia hasta que llegó la hora del alta.

Lamentablemente, a pesar de este gran esfuerzo, dos meses después del alta, recibí un mensaje en cadena pidiendo oraciones por la "princesa Sofía". Al día siguiente un mensaje más avisaba el lugar y la hora de la misa fúnebre. Un virus masivo había atacado el cuerpo aún inmaduro de Sofía, la llevaron al hospital, la operaron, hicieron todo lo posible pero falleció. La madre, llega a mi consultorio, todavía muy dudosa de iniciar un nuevo y muy diferente proceso: la elaboración de un duelo por la pérdida de una hija, estando ella todavía en un proceso identificación con la bebé.

Resumen

En el presente trabajo se lleva a cabo una revisión de la experiencia del nacimiento prematuro desde la perspectiva de la madre como del bebé. Se explora el concepto de preocupación maternal primariade Donald Winnicott que consiste en un fenómeno que permite a la madre identificarse con su bebé y así satisfacer sus necesidades mediante el repliegue del mundo exterior. En el caso de los nacimientos prematuros, la experiencia emocional se vive de manera traumática, se acompaña de separaciones más o menos prolongadas y se matiza de peligros más o menos importantes. La situación real rompe de manera brusca con la fantaseada por los padres lo que contribuye a la complejidad del acercamiento emocional entre ambos. Se presenta como ejemplo clínico el caso de una madre y su primer y segundo hijo nacidos ambos de manera prematura y se expone el proceso de desarrollo de la preocupación maternal primaria.

Palabras clave: Prematurez, preocupación maternal primaria.

Summary

In this paper is conducted a review of the experience of premature birth from the perspective of the mother and the baby. Donald Winnicott's concept of primary maternal preoccupation is explored; it consists on a phenomenon that allows the mother to identify with her baby and meet his needs through the retreat from the outside world. In the case of premature birth, the emotional experience is traumatic, it is accompanied by a more or less prolonged separation and presents more or less important hazards. The real situation abruptly breaks with the parent's fantasized one which contributes to the complexity of the emotional closeness between both. A clinical example is presented, a mother and her first and second child both born prematurely and the development process of primary maternal preoccupation is exposed.

Key words: Premature birth, primary maternal preocupation.

Referencias bibliográficas

AMMANITI, M. (1995). *La gravidanza tra fansia e realtá*. Italia: Il pensiero scientifico.

BATISTA, E., GRAHAM, S., IGERT, B. Y SOLIS-PONTÓN, L. (2004). El bebé prematuro, las vicisitudes de la parentalidad. En *La Parentalidad, Desafío para el tercer milenio*. México: Manual Moderno.

CHARPAK, N. Y FIGUEROA, Z. (2010). *Método Madre Canguro. Guías de Manejo,* Bogotá: Colombia.

COHEN, M. (1995). Premature Twins on a Neonatal Intensive Care Unit. *J. Child Psychother.,* 21: 253-280.

DOOLAN BOYLE, M. (2005). *Manual para padres con niños prematuros.* Madrid: Ed. Ibañez Plaza.

FOLLIERO E, (2003) Una donna diventa madre, una madre resta donna: uno studio empirico sulla relazione tra rappresentazioni materne in gravidanza e funzione riflessiva. Tesis doctoral de la Università Cattolica del Sacro Cuore di Milano. Facoltà di Psicologia.

LANGE, A. (2011). Prenatal Maternal Stress and the Developing Fetus and Infant: A Review of Animal Models as Related to Human Research. *Journal of Infant, Child & Adolescent Psychotherapy,* 10:326-340.

MELLO, M., SERAFIM, P., MORAES, M., MIRANDA, A., SOUSSUMI, Y. & MELLO, A. (2011). The Impact of Early Maternal Presence on Child Development and the Stress Response System. *Neuropsychoanalysis,* 13:177-185.

RAVALLI M. J; ORTIZ, Z. (2010). Unicef, derechos humanos del recién nacido prematuro. En: http://www.unicef.org/argentina/spanish/DECALOGO.pdf.

ROSSEL, K., CARREÑO, T., Y MALDONADO, M. (2002). Afectividad en madres de niños prematuros hospitalizados. Un mundo desconocido. *Revista Chilena de Pediatría;* 73: 15-21.

TRACEY, N., BLAKE, P., WARREN, B., HARDY, H., ENFIELD, S. & SCHEIN, P. (1995). A Mother's Narrative of a Premature Birth. *J. Child Psychother.*, 21:43-64

WINNICOTT, D (1956). *La preocupación maternal primaria.* En *Escritos de pediatría y psicoanálisis.* Barcelona: Paidós.

La realidad externa traumática como vía de entrada a la depresión pre y postnatal[1]

Rosa Ma. Macías Luna[2]

Introducción

El presente informe de investigación está basado principalmente en la teoría de Hugo Bleichmar (1997), quien al hablar de la depresión retoma la idea de Freud (1917) en cuanto a que la depresión es una *reacción* a la pérdida real o imaginaria de un objeto, haciendo énfasis en que lo importante es la manera en que la pérdida quede significada, agregando que la verdadera pérdida de objeto requiere que se *construya* psíquicamente al objeto como perdido, es decir que se le presente inalcanzable ante la persistencia del deseo. Este sentimiento de que un deseo irrealizable ocupe un lugar central en la economía libidinal se encuentra en todas las depresiones (Bleichmar, 1976).

El deseo varia en su contenido y puede ser un deseo de satisfacción pulsional y de disminución del nivel de tensión física y mental; deseo de apego desde el más normal hasta el deseo más patológico de fusión con el objeto; deseo narcisista de reconocimiento y valoración, de fusión con el objeto idealizado, de triunfo edípico; deseos relacionados con el bienestar del objeto, ya que si el sujeto se siente responsable del daño al objeto puede sobrevenir una depresión acompañada de grandes sentimientos de culpa.

1 Este trabajo muestra los resultados finales de la tesis titulada 'La realidad externa traumática vía de entrada a la depresión pre y postnatal: Estudio de casos', (2012) para obtener el grado de Maestría en Psicoterapia General en el Centro de Estudios de Postgrado de la Asociación Psicoanalítica Mexicana, y es la continuación del artículo 'Vías de entrada a la depresión en gestantes con trastorno depresivo y de personalidad' (2009) *Cuadernos de Psicoanálisis XLII* pp.195-208. Ambos artículos relacionados con la investigación sobre Depresión materna (Lartigue *et al.*, 2007).

2 Maestría en Psicoterapia General, Doctora en Psicoterapia en el Centro de Estudios de Postgrado de la Asociación Psicoanalítica Mexicana y Analista en formación del Instituto de Psicoanálisis de la misma Asociación; Coordinadora Asociada del Programa de Doctorado en Psicoterapia, Centro de Estudios de Postgrado de la APM.

También menciona que los deseos no son mutuamente excluyentes y que pueden coexistir varios tipos en una misma persona, además de existir "cierta representación del sujeto en cuanto a su *poder para realizar su deseo, para imponer un curso a los acontecimientos, internos o externos"* (Bleichmar 1997, p.37, cursivas del autor).

Considera que el sentimiento de impotencia/indefensión es el núcleo de la depresión, así como que no es tan importante la pérdida del objeto, sino cómo el sujeto puede elaborarla, mencionando que el pionero en esta idea fue Bibring (1953, citado en Bleichmar, 1997). En resumen, los elementos que juegan un papel importante para que se dé el estado depresivo son:

- Existencia de un deseo que ocupa un lugar central en la economía del sujeto.
- Sentimiento de impotencia para alcanzar el deseo.
- Sentimiento de desesperanza.
- Consecuencias motivacionales y afectivas del sentimiento de impotencia/ desesperanza.

Por otra parte, diferencia entre a) el estado depresivo; b) los caminos por los cuales se llega al estado depresivo; c) el afecto depresivo; d) el cuadro clínico depresivo, tomando en cuenta el tipo de defensas que el paciente lleva a cabo o las formas de restablecer un estado de equilibrio; e) estados de *desactivación* del deseo (Bleichmar, 1997).

El estado depresivo se caracteriza por un sentimiento de impotencia para la realización del deseo, que sería de amor respecto de un objeto, o para enfrentar un peligro interno o externo; presentándose una cualidad específica de displacer –tristeza, pena-; inhibición psicomotriz, resultado de sentir el deseo como irrealizable, por lo que el psiquismo no impulsa hacia la actividad, se diferencia del sentimiento de impotencia que se experimenta ante el peligro, que produce pánico y no depresión.

La impotencia también puede ser metabolizada por el psiquismo desde un código narcisista, como testimonio de inferioridad, o pueden predominar los sentimientos de culpabilidad por la preocupación del bienestar del objeto, pensando que se le ha proferido algún daño. "Por tanto, los sentimientos de culpabilidad se caracterizan por un doble componente: preocupación por el objeto y preocupación por la valía –narcisismo- del sujeto" (Bleichmar 1997, p.42). Si predomina el sentimiento de la preocupación por el objeto, el sujeto intentará reparar; si los sentimientos de inadecuación narcisista son predominantes, se generarán actos de punición con la finalidad de recuperar el amor del superyó, desentendiéndose del objeto.

Del mismo modo, se presentan diversos procesos defensivos contra el estado depresivo doloroso, como son la rabia coercitiva, el uso de la fantasía para poder modificar los acontecimientos, el llanto como llamada de auxilio, auto-reproches defensivos para aliviar sentimientos de culpa y recuperar el amor del superyó. Cuando la representación del sujeto se muestra incapaz, inferior, débil, la inhibición del estado depresivo es reemplazada por la agitación frente al peligro, deviniendo en fobia, aunque es necesario que el sujeto tenga predisposición a la misma (Bleichmar, 1997).

Si el sufrimiento se prolonga y los mecanismos restitutivos no logran recuperar el objeto o la ilusión de que el deseo se realizará, las defensas que se presentan irán dirigidas contra el funcionamiento mental, con la finalidad de abolir el pensar y el sentir, es decir *desactivar* el psiquismo. "La defensa no se dirige en contra de un deseo en particular sino en contra de la función deseante en sí misma y de la catectización de cada pensamiento... defensa llamada *decatectización libidinal del pensamiento*"(Bleichmar, 1997, p.40), diferente del 'ataque al pensamiento' con su presupuesta intencionalidad agresiva inconsciente. Finalmente, sugiere que para decidir el abordaje terapéutico se deben plantear las siguientes interrogantes ante la presencia de una persona deprimida (p.43):

1. ¿El deseo es irrealizable por las cualidades del deseo, es decir elevado, alejado en demasía de las posibilidades de ese sujeto?
2. ¿El deseo es irrealizable por ciertas características del sujeto?
3. ¿Es sentido como irrealizable por fijación a situaciones del pasado que hacen que el presente sea captado bajo las representaciones provocadas por aquellas experiencias o lo es por una realidad actual que resulta apabullante?
4. ¿Por qué no se puede reemplazar ese deseo por otro?

Transmite "la idea de que es por la articulación de componentes, por el encadenamiento de procesos diversos, y de sucesivas transformaciones, que se llega al estado depresivo" (Bleichmar, 1997, p.43), aunque menciona que aunque se puede llegar al núcleo de la depresión por múltiples caminos, no es una condición obligada

Agrega que se deben diferenciar dos modalidades de articulación: a) como una *serie complementaria,* es decir la depresión como resultado de varios factores; y b) como una serie *secuencial* en la cual un circuito activa movimientos y defensas que activan otro circuito o grupo de circuitos en un movimiento dinámico de ida y vuelta.

Depresión en las mujeres

¿Cuáles son las vías de entrada a la depresión específicas en las mujeres? Emilce Dio Bleichmar (1991) menciona que los caminos de entrada a la depresión en la mujer son una realidad externa traumática, conflictos de pareja y condiciones de género, incluyendo que la depresión en la mujer aparece en momentos particulares como son el ciclo menstrual, la etapa perinatal y en la mediana edad (nido vacío).

Alizade (2007) agrega que todo ser humano experimenta momentos equivalentes a reacciones depresivas, escindiendo el psiquismo y produciendo un núcleo depresivo consciente o inconsciente que puede exteriorizarse ya sea en un síntoma psicosomático que esconde la tristeza a través del cuerpo, o en la histeria, donde puede ocultarse una melancolía precoz. Define que los factores predisponentes a la depresión en la mujer se conforman por una autoimagen negativa de género, manifestado en ocasiones por la queja y el malhumor, donde al mismo tiempo que la mujer expresa su malestar delata la violencia de la cual es víctima. Agrega que las aventuras corporales ligadas a la reproducción, también son factores que amenazan constantemente a la mujer con la aparición de la depresión. La sangre que aparece con la menarca y el cese de la misma que se experimenta en la menopausia suele provocar ansiedades y conflictos que pueden llegar a sentimientos depresivos.

Asimismo, Lartigue, Maldonado, González y Sauceda (2008) mencionan que existen factores de riesgo biológicos, psicológicos y sociales que juegan un papel importante en la depresión perinatal:

a) Los factores biológicos que pueden tener un papel causal en la depresión postparto o durante la gestación se asocian con anticuerpos tiroideos; una baja en el nivel sanguíneo de progesterona y una elevación del nivel de cortisol.

b) Los factores psicológicos se refieren a pérdidas tempranas, ser víctima de maltrato físico, emocional o sexual en la infancia; ser testigo de violencia, tener padres alcohólicos, establecer una mala relación con los padres, violencia conyugal, falta de apoyo emocional, ser madre soltera, atender a otros niños pequeños, así como haber padecido episodios depresivos con anterioridad.

c) Los factores de tipo social se refieren a la pobreza o vulnerabilidad social, dificultades económicas y aislamiento social.

Como se ha mencionado, Bleichmar (1997) distingue siete vías de entrada a la depresión, las cuales son: 1) agresividad; 2) angustias persecutorias; 3) culpa; 4) déficits yoicos; 5) identificación con figuras parentales; 6) realidad externa traumática y 7) trastornos narcisistas. A lo anterior Dávila (2011a, 2011b) ha añadido otras dos vías de entrada: 8) los estereotipos negativos de género (basada en la propuesta de Dio Bleichmar, 1991) y 9) las enfermedades médicas (Lartigue, 2006[3]).

Se decidió trabajar en esta parte de la investigación exclusivamente la categoría denominada "*Realidad externa traumática*", debido a que en un primer análisis (Macías, 2009) se encontró que de la Guía para la Entrevista Psicodinámica de los Estados Depresivos (GEPED), con base en el modelo de Hugo Bleichmar de 1997 (transcripta textualmente de Lartigue 2005, 2006), fue la que obtuvo –mediante la técnica estadística denominada Atlas Ti- un mayor número de frecuencias (501), seguida de la de déficits yoicos (364) y por la agresividad (163).

Es relevante destacar que esta vía de entrada sobrepasó con mucho a las restantes; y consignar también que existen situaciones en que la realidad exterior resulta apabullante y juega un papel central en la creación del sentimiento de desesperanza e impotencia, se incluyen las pérdidas tempranas, la pérdida de la madre, pero sobre todo la falta de figura sustituta adecuada, pérdidas diversas como la salud, ideales, trabajo, muerte de alguien querido, situaciones de sometimiento prolongado a personas patológicas, crueles y tiranas, abandono, exposición al dolor físico o psíquico, todas estas situaciones que se incorporan en el psiquismo como sentimiento de fondo, haciendo sentir a la persona impotente contra la realidad que se vive abrumadora, sin embargo, se debe incluir la historia real del sujeto, que incluye "tanto los sucesos que le ha tocado vivir como los aportes externos a la construcción de la fantasía inconsciente, como por ejemplo la historia de las identificaciones con las fantasías inconscientes de los padres" (Bleichmar, 1997, p.61).

3 En la GEPED se mencionan en el siguiente orden: realidad externa traumática con siete subcategorías, la última incluye la violencia de género; agresividad, culpa, trastornos narcisistas, angustias persecutorias, identificación, déficits yoicos y estereotipos negativos de la feminidad (Lartigue, 2005, 2006). Por su parte, Dávila (2012), las reordenó de la siguiente manera: Vías de entrada 1: realidad externa traumática con tres categorías; identificación con figuras parentales, trastornos narcisistas, enfermedades médicas, y Vías de entrada 2: culpa, angustias persecutorias, estereotipos negativos de género, agresividad y déficits yoicos.

Una investigación con gestantes con trastorno depresivo y de personalidad

Uno de los objetivos de la investigación[4] fue el identificar las diferentes modalidades en que se manifestaba la "*Realidad externa traumática*" como principal vía de entrada a los estados depresivos en 19 gestantes que acudieron a control prenatal y postnatal en el Instituto Nacional de Perinatología y que fueron diagnosticadas con trastorno depresivo aunado a un trastorno de personalidad. Para lograr lo anterior fue necesario lo siguiente:

Se decidió reacomodar algunas frases que, aunque se encontraban en otra categoría, también se referían a la realidad externa traumática, como fue el caso de las enfermedades médicas, la violencia de género y otras conductas agresivas.

Se hizo una división en cuanto a los periodos del desarrollo de las gestantes, es decir infancia, adolescencia y vida adulta.

Se complementó el nombre de dos categorías: 1. Padecer alguna enfermedad seria o que le dificulte hacer su vida normal y 2. Situación de separación, abandono o muerte de familiares significativos.

Se abrió la subcategoría 8.2.1: Cuidar o vivir con familiares significativos que padezcan alguna enfermedad crónica, degenerativa o equivalente.

A partir de las frases obtenidas de las entrevistas de las gestantes, surgieron seis nuevas categorías:

1. Excesiva preocupación por la familia de origen.
2. Infidelidad de la pareja actual o parejas anteriores.
3. Haber vivido en la infancia o adolescencia con padres, hermanos u otros familiares significativos con problemas de alcohol, drogas o juego.
4. Separación, abandono o muerte de la pareja actual o pasada.
5. Tener severos problemas económicos o legales en la actualidad.
6. Haber padecido una o varias pérdidas perinatales o que uno de sus hijos tenga una enfermedad seria.

Se muestra a continuación el resultado final de la octava categoría de la GEPED que se podría reformular de la siguiente manera.

4 Descrita ampliamente en Lartigue *et al.* (2007), Macías (2009,2012).

Realidad Externa Traumática

8.1) Exposición a personas que obtienen placer en hacer sufrir a los demás, malas, crueles, autoritarias, tiranas. (Referido a la vida adulta).

8.2) Padecer alguna enfermedad seria o que le dificulte hacer su vida normal.

8.2.1) Cuidar o vivir con familiares significativos que padezcan alguna enfermedad crónica, degenerativa o equivalente.

8.3) Sentirse desarraigada con los cambios de trabajo o de lugar donde vivía.

8.4) Dolor físico o sufrimiento mental o psíquico por abuso (incluido ser testigo de violencia) en la infancia y/o adolescencia.

8.5) Situación de separación, abandono o muerte de familiares significativos.

8.6) Descuido perjudicial, abandono, negligencia, indiferencia (en la infancia y/o adolescencia).

8.7) Sufrir algún tipo de discriminación por ser mujer (violencia de género).

8.8) Excesiva preocupación por la familia de origen.

8.9) Infidelidad de la pareja actual o parejas anteriores.

8.10) Haber vivido en la infancia y/o adolescencia con padres, hermanos u otros familiares significativos con problemas de alcohol, drogas o juego.

8.11) Separación, abandono o muerte de la pareja actual o pasada.

8.12) Tener severos problemas legales y económicos en la actualidad.

8.13) Haber padecido una o varias pérdidas perinatales (pérdida del bebé en el inicio, durante, o al final del embarazo) o que uno de sus hijos vivos tenga una enfermedad médica seria.

En la siguiente gráfica se muestra la frecuencia en que se presentaron cada una de las categorías con base en las frases emitidas en las entrevistas de las gestantes.

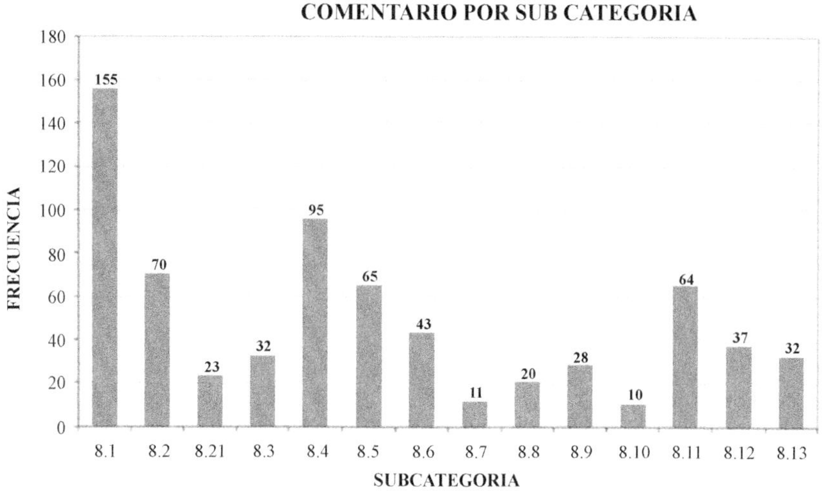

Llama la atención el número de categorías nuevas que se tuvieron que agregar como producto del Análisis de Contenido, de las cuales algunas vienen relacionadas con sucesos traumáticos vividos en la infancia, por lo que surgen las siguientes preguntas:

1. ¿El descuido, maltrato y negligencia sufrido en la edad adulta es la reedición de la exposición a personas patológicas sufrido en la infancia o adolescencia?

Esta pregunta surge debido a que la vía de entrada con mayor puntaje fue la 8.1 que se refiere a la exposición a personas que obtienen placer en hacer sufrir a los demás, malas, crueles, autoritarias y tiranas, referido a la vida adulta, seguida en segundo lugar por la categoría 8.4 que se refiere al dolor físico o sufrimiento mental o psíquico por abuso en la infancia o adolescencia, incluida ser testigo de violencia, por lo que se infiere que la respuesta es afirmativa.

2. ¿Las pérdidas sufridas en la vida adulta llevan a un estado depresivo por sí mismas o nuevamente es una reedición de las primeras pérdidas?

Nuevamente las dos vías de entrada que se refieren a las pérdidas, tanto en la vida adulta como en la infancia o adolescencia, muestran resultados casi semejantes, teniendo un puntaje de 64 la referida a la edad adulta y 65 referida a la infancia o adolescencia. Por lo anterior, se podría inferir una relación estrecha entre ambas pérdidas por lo que la respuesta podría ser afirmativa, aunque se considera que también dependiendo del grado y tipo de la pérdida sufrida en la vida adulta podría surgir el estado depresivo.

3¿Los eventos traumáticos sufridos en la infancia son una variable significativa para llegar a un estado depresivo en la edad adulta?

Se infiere que la respuesta es afirmativa, ya que todos los autores mencionados se han referido a la infancia como significativa en sus puntos teóricos acerca de la aparición de los estados depresivos.

4¿El embarazo es una etapa en la mujer que podría llevarla a la aparición de un estado depresivo?

Alizade (2007) menciona que los eventos ligados a la reproducción pueden llevar al estado depresivo; por otro lado, en un estudio llevado a cabo en México en la Ciudad de Monterrey en el 2009, donde 81 mujeres fueron madres adolescentes y 217 madres adultas, se encontró que la pobreza, la mala nutrición, el tener un producto de sexo femenino, el desempleo, el ser madre soltera, el haber recibido maltrato corporal en la infancia, el no tener un soporte social adecuado, fueron los factores importantes que llevaron a la depresión postnatal, existiendo un porcentaje de 16.05% en adolescentes y 14.29% en adultas (De Castro, Hinojosa y Hernández, 2011). Por lo anterior, se concluye que existe una concatenación de factores que, aunados al embarazo, pueden llevar a la aparición de un estado depresivo.

5¿Existe comorbilidad entre el Trastorno Depresivo y algún Trastorno de Personalidad?

Aunque en México no se cuenta con estudios sobre una epidemiología específica de los trastornos de la personalidad, el trastorno límite de la personalidad comúnmente se encuentra asociado con la depresión mayor (López y Cuevas, 2007).

Cabe hacer notar que aunque la muestra que se utilizó en esta parte del estudio fue limitada, ya que se refiere a gestantes del sector público donde la realidad externa traumática representada en carencias económicas así como afectivas, puede verse con mayor detalle, se considera que no es característico sólo de este segmento de gestantes, ya que los estudios arriba mencionados nos mencionan en general a la mujer, sin importar su nivel económico ni social.

Por lo anterior, es importante el diagnóstico temprano del trastorno depresivo en las gestantes de cualquier nivel económico y social, ya que de su realidad externa traumática, principal vía de entrada a la depresión, se podría considerar la elaboración de preguntas sencillas –derivadas de esta investigación- que puedan llevar al personal del sector salud, ya sea médico, enfermera o trabajador social, a una temprana detección de la depresión, para que en consecuencia la gestante sea referida al lugar correspondiente donde pueda ser tratada psicológicamente, ya sea con tratamiento psicoterapéutico o con algún medicamento psiquiátrico, si fuera necesario según la gravedad del trastorno.

Resumen

Se muestran los resultados totales de una investigación en la cual se identificó la Realidad Externa Traumática como principal vía de entrada a la depresión en 19 gestantes que padecían también un trastorno de personalidad, a la que se añadieron algunas subcategorías. Se pudo observar que la exposición a personas patológicas que obtienen placer en hacer sufrir a los demás, malas, crueles y autoritarias, referido a la edad adulta, ocupa el primer lugar, seguido por el dolor físico, mental o psíquico sufrido en la infancia, situación por la cual se infiere que el descuido, maltrato y negligencia se reedita en la edad adulta. Como tercer lugar se presentan las enfermedades médicas, unido a la convivencia con personas enfermas a quien se tiene que otorgar cuidados especiales. El cuarto lugar lo ocupa la separación, abandono o muerte de personas significativas sucedido en la infancia, seguido de estas mismas pérdidas en la edad adulta. Se presentan con menor intensidad los problemas económicos y legales, así como las pérdidas perinatales, la infidelidad, la preocupación por la familia de origen, la violencia de género y el padecer o estar relacionado con personas adictas.

Palabras clave: Vías de entrada a la depresión, realidad externa traumática, etapa perinatal.

Summary

The overall results of an Investigation in which the traumatic external reality was identified as the main gateway to depression in 19 pregnant women who were also suffering from a personality disorder, in which some categories were added, are shown. It can be observed that exposure to pathological people who take pleasure in making others suffer, bad, cruel and authoritarian, based on the adulthood, ranks first, followed by physical, mental or psychological pain suffered in childhood, a situation for which it is inferred that the neglect, abuse and neglect reissued in adulthood. As third medical illnesses, coupled with living with sick people who have to give special care are presented. The fourth place is the separation, abandonment or death of significant others happened in childhood, followed by the same loss in adulthood. They present with lower intensity economic and legal problems, and perinatal loss, infidelity, concerns about the family of origin, gender violence and have or be related to addict people.

Key words: Routes of entry to depression, traumatic external reality, perinatal stage.

Referencias bibliográficas

ALIZADE, M. (2007) La depresión en las mujeres: perspectivas psicoanalíticas. *Cuadernos de Psicoanálisis, XL* (1-2): 100-112.

BLEICHMAR, H. (1976/2005). *La depresión: un estudio psicoanalítico.* Buenos Aires: Nueva Visión, (1ª. Ed. 11ª. Reimp.).

BLEICHMAR, H. (1997). *Avances en psicoterapia psicoanalítica.* Hacia una técnica de intervenciones específicas. Barcelona: Paidós.

DÁVILA, P. (2011a). Una herramienta intersubjetiva para la exploración de depresión en gestantes. Disertación doctoral no publicada, Centro de Estudios de Postgrado, Asociación Psicoanalítica Mexicana. México.

DÁVILA, P. (2011b). Una herramienta intersubjetiva para la exploración de la depresión en gestantes. *Cuadernos de Psicoanálisis,* XLIV (3-4): 50-75.

DE CASTRO, F., HINOJOSA, N., HERNÁNDEZ, B. (2011) Risk and protective factors associated with postnatal depression in Mexican adolescents. *Journal of Psychosomatic Obstetrics & Gynecology.32*(4):210-217.

DIO BLEICHMAR, E. (1991). *La depresión en la mujer.* Madrid: Temas de Hoy.

FREUD, S. (1915/1917). Duelo y melancolía. En *Obras completas,* Buenos Aires: Amorrortu.

LARTIGUE, T. (2005). Guía para la Entrevista Clínica Psicodinámica de los Estados Depresivos con base en el modelo de Hugo Bleichmar. *Aperturas Psicoanalíticas,* 21.

LARTIGUE, T., CONZÁLEZ, I., CÓRDOVA, A., VÁZQUEZ, M., NAVA, A.A., CHAVEZ, M., SÁNCHEZ, B., VÁZQUEZ, G., DOMÍNGUEZ, Y. CUENCA, J. (2007). La depresión materna. Su efecto en las interacciones madre-hijo en el primer año de vida. *Cuadernos de Psicoanálisis, XL.*

LARTIGUE, T. MALDONADO, M., GONZÁLEZ, I., SAUCEDA, J.M. (2008). Depresión en la etapa perinatal. *Perinatología Reproducción Humana XXII.*

LÓPEZ, D., CUEVAS, P. (2007). *Trastorno límite de la personalidad tratamiento basado en evidencias.* Aguascalientes: Architecthum Plus, S.C.

MACÍAS, R.M. (2009). Vías de entrada a la depresión en gestantes con trastorno depresivo y de personalidad. *Cuadernos de Psicoanálisis XLII.*

MACÍAS, R.M. (2012). La realidad externa traumática vía de entrada a la depresión pre y postnatal. Estudio de casos. Tesis inédita de Maestría en Psicoterapia General, Centro de Estudios de Postgrado, Asociación Psicoanalítica Mexicana.

El cáncer en la infancia y la adolescencia: aportaciones de la psico-oncología y el psicoanálisis

Maricarmen González-Maraña[1]

Introducción

Los tipos de cáncer que más afectan a los niños son la leucemia, los linfomas, los tumores cerebrales y los sarcomas de hueso y de tejidos blandos (1); mientras que en adolescentes, la mayor prevalencia es de linfomas, tumores de células germinales y tumores cerebrales (2). Se ha observado una disminución considerable en la mortalidad por cáncer en la infancia y en la adolescencia, especialmente en los países desarrollados, donde alrededor del 75% de los pacientes diagnosticados logra sobrevivir, mientras que en los países con ingresos bajos y medios solo sobreviven menos de la mitad (3).

Patenaude y Kupst (4) señalan que la investigación acerca de los aspectos psicosociales en psico-oncología pediátrica se ha modificado conforme se ha incrementado el índice de supervivencia de los pacientes; mientras que entre los años sesenta y setenta se enfocaba en el duelo de los padres y en las reacciones psicológicas que estos presentaban ante la muerte de los pacientes, actualmente se orienta a temas relacionados con la calidad de vida de los supervivientes.

El diagnóstico de cáncer implica una amenaza en cualquier momento del ciclo vital; las consecuencias psíquicas, psicosociales y espirituales que se presenten en cada caso estarán relacionadas con las características del desarrollo físico, cognitivo, psíquico, emocional y social del paciente, el tipo de enfermedad y la etapa en la que ésta se diagnostique, la modalidad de tratamiento y los efectos secundarios que éste produzca, así como las

1 Psicóloga con Especialidad en Clínica y Psicoterapia Psicoanalítica del Niño y la Familia; Máster en Psico-oncología; Psicoanalista Titular de la Asociación Psicoanalítica Mexicana (APM). Directora de la Comisión Psicosocial de la Asociación Latinoamericana de Cuidados Paliativos (ALCP).

características del funcionamiento familiar y el rol que tenga el paciente en la misma. En el proceso de adaptación también intervendrán factores como las creencias socioculturales y religiosas asociadas a la enfermedad y la muerte, la espiritualidad, la filosofía de vida y las redes de apoyo reales y percibidas.

El objetivo de este escrito es describir el impacto que ocasiona el cáncer en el desarrollo psíquico y en la adaptación psicosocial en la infancia y la adolescencia y, desde ahí, destacar algunas aportaciones para la intervención sustentadas en una comprensión psicodinámica de la situación de enfermedad.

El cáncer en las etapas del desarrollo infantil y adolescente

Infancia: 0 a 18 meses aproximadamente

En esta etapa, el amor y los cuidados de los padres tienen una importancia prioritaria para la supervivencia y la integración del yo; se caracteriza por la receptividad cenestésica (5)y la vía principal de conocimiento del mundo y del sí mismo se da a nivel sensorio-perceptivo (6-9). Las experiencias quedan registradas en la memoria implícita (10), la cual constituye «una memoria preverbal y presimbólica, en tanto no están maduras las estructuras nerviosas necesarias para el funcionamiento de la memoria explícita».

Siguiendo a Mahler (11), alrededor de los 4-5 meses se pone en marcha el primer proceso de separación-individuación, que consiste en la progresiva salida de la simbiosis y el establecimiento paulatino de la diferenciación y la definición las características individuales; se trata de un proceso basado en la maduración neurofisiológica y relacional, a partir del cual el infante logrará la constancia objetal, que se refiere a la capacidad de tener en la mente una representación de sí mismo y de las figuras significativas, aunque estas se encuentren ausentes. En condiciones normales, el infante logrará establecer psíquicamente lo que Winnicott (12) llama un espacio transicional y logrará apoyarse en objetos transicionales que le evoquen la confianza, seguridad y tranquilidad que le podría brindar la presencia de las personas afectivamente cercanas.

Las consecuencias del cáncer en esta etapa están determinadas, principalmente, por las secuelas a nivel neurofisiológico, y por la frecuencia y la duración de las separaciones de las figuras parentales. La experiencia de sufrimiento se vive principalmente a nivel corporal, debido a que, para el infante, el malestar físico y el emocional aún no son diferenciables. Desde ahí, durante el proceso de enfermedad es fundamental promover la cercanía y los cuidados de la madre, del padre o de personas conocidas, así como tratar de mantener las rutinas de cuidado. En momentos en los que resulte inevitable la separación, es recomendable que el infante cuente con objetos transicionales que le hagan sentir más seguro y que los miembros del equipo ofrezcan una atención con calidez que permita al infante sentir un sostén (*holding*) (12) tanto a nivel físico (p. ej. cargarlo) como emocional (arrullarlo, calmarlo), lo cual se logra principalmente apoyándose en la comunicación no verbal.

Niñez temprana: 18 meses a 3 años aproximadamente

El final de la infancia y el inicio de la niñez lo marcan el progreso de la locomoción independiente y la adquisición del lenguaje. El niño o la niña alcanza un desarrollo neuromuscular más elevado, que le permite mayor control sobre su cuerpo, incluyendo la posibilidad de controlar esfínteres y la capacidad de explorar el mundo, ser más activo y disfrutar jugando, brincando, gritando, pegando, etc.; también logra imitar al adulto en sus palabras, gestos y actividades. Busca controlar las actividades y las personas a su alrededor; comienza un período de oposicionismo y ambivalencia hacia los padres (6,7,13-15).

El cáncer en esta etapa representa un obstáculo para que el niño pueda disfrutar libremente de la motricidad; dificulta la expresión de su necesidad de control y oposicionismo, ya que se ve obligado a seguir las indicaciones médicas y a recibir una diversidad de cuidados meticulosos durante el tratamiento; es común que se presenten alteraciones en el control de esfínteres, como consecuencia de las repercusiones físicas y emocionales de la enfermedad y los tratamientos.

Para facilitar el proceso de adaptación, es importante ampliar la interacción verbal conforme avanza en esta etapa, preguntándole sobre su malestar de manera concreta y ayudándole a nombrar aquello que se le dificulte. También es necesario apoyarlo estableciendo límites claros que le ayuden a sentirse seguro y organizado frente a la desorganización interna que le ocasiona la enfermedad. Sin embargo, es necesario ofrecerle ciertas actividades en las que pueda elegir y decir «no», para que pueda sentir que tiene algún tipo de control, continúe su proceso de autodefinición, previniendo así que se manifieste el oposicionismo característico de esta edad en los temas médicos. También resulta útil incluir espacios lúdicos y de ejercitación psicomotriz acordes con sus capacidades y, al igual que en la etapa anterior, mantener en lo posible las rutinas de cuidado y el contacto con los padres.

Edad de jugar: 3 a 5 años aproximadamente

El niño o la niña comienza a interesarse por el juego social; hay una evolución importante en el lenguaje, presta mayor atención a las palabras y logra hacer frases; al principio de esta etapa su lenguaje es más concreto, pero hacia el final logrará expresarse con generalizaciones y cuasi abstracciones; tiene mayor curiosidad sobre su cuerpo y por las diferencias de sexo; logra personificar los rasgos conductuales de su cultura, muestra una creciente identificación con las figuras parentales; disfruta jugando a ser como mamá o como papá y le gusta usar disfraces; es capaz de darse cuenta de que los adultos tienen actividades y relaciones interpersonales en las cuales no participa; comienza a comprender los requerimientos sociales y desea mantenerse dentro de los límites apropiados (6,7,13,15). Predomina el pensamiento mágico y asocia la enfermedad a causas externas (p. ej., por haber comido algo); su concepto de la muerte es inmaduro, aun la percibe como reversible y la compara con un sueño (16).

El cáncer en esta etapa tiene consecuencias en los procesos de juego socializado, identificación y reconocimiento del propio cuerpo. Durante las hospitalizaciones y períodos de aislamiento, es importante ofrecer distractores y actividades lúdicas en las que se le puede invitar a representar el papel de algún miembro del equipo médico e incluso de la enfermedad o algún tratamiento. También es recomendable ofrecerle espacios de juego con los pares cuando la situación inmunológica lo permita. Asimismo, es importante que el médico se presente como un aliado del niño, hablándole con la verdad y respondiendo a sus preguntas de acuerdo a su capacidad de comprensión.

Edad escolar o latencia: 6 a 14 años aproximadamente

En esta etapa hay una importante maduración del sistema nervioso central, así como un desarrollo cognoscitivo y psíquico intenso; se incorporan la causalidad y la secuencia en el pensamiento, se dan avances en la diferenciación entre fantasía y realidad; comienza a tener iniciativa propia para buscar conocimiento, para codificar y organizar la información; es capaz de formular hipótesis y preguntas; explora territorios; logra conocer el placer del trabajo y el aprendizaje, así como de pensar y resolver problemas (6,7,13,15,17).

Se da cuenta de que el pensamiento es «ocultable» y descubre la facultad del secreto; hay un auge de los sueños diurnos y las ensoñaciones socializadas; aparecen los «diques psíquicos»: el asco, la vergüenza y la moral; tiene oscilaciones entre el pudor y el exhibicionismo (17). La verbalización adquiere preeminencia respecto de la acción; el relato se complejiza y se enriquece, hay interés por los chistes y la ironía, lo que se relaciona con la enriquecida capacidad de simbolización (17).

Hay también una progresiva inserción del niño en el ambiente social, y las relaciones sociales se constituyen como oportunidades de nuevas identificaciones; sus pares tienen un papel más importante en la regulación de la autoestima; aparece el sentido de competencia y rivalidad por el cariño y la aprobación de los adultos (6,7,13,15,17).

Cuando se inicia la pubertad hay una mayor consolidación de la identidad de género; tiene preferencia por establecerse en grupos de su mismo sexo; el interés de la etapa previa por el cuerpo y su funcionamiento se desplaza hacia los objetos y sus mecanismos de acción y/o el mundo, los fenómenos naturales y sus leyes. La anterior preocupación por las diferencias de sexo se modifica, dirigiéndose hacia las diferencias en términos de habilidades y capacidades, a las diferencias étnicas, sociales, grupales, nacionales, etc. (6,17). Asocia la enfermedad con factores internos; conceptualiza la muerte como selectiva; aproximadamente después de los siete años logrará tener un concepto más maduro sobre la muerte como fenómeno universal, irreversible y permanente (16). Tiene una mayor capacidad para comprender la enfermedad, reconocer la parte afectada aunque esta no sea visible y comprender los efectos secundarios de los tratamientos. Resulta importante que el equipo médico lo involucre ofreciéndole más información específica sobre su situación, respondiendo a sus preguntas y apoyándose en cuentos, dibujos y juguetes que representen el material hospitalario y a los profesionales de salud. Es necesario explorar las ideas sobre el origen de la enfermedad e identificar sentimientos de culpa al respecto.

Adolescencia: 15 a 25 años de edad aproximadamente

En esta etapa hay modificaciones significativas en la identidad, ya que la o el adolescente se enfrenta al reto de redefinirse a sí mismo, sus valores y sus creencias a partir de sus nuevas capacidades y relaciones sociales, pero integrando también la historia vivida, las figuras pasadas de identificación y su perspectiva de futuro. Se enfrenta al anhelo de separarse de los padres, que coexiste con el temor e incertidumbre de hacerse cargo de sí mismo; se da una nueva movilización del proceso de separación-individuación, pero con las capacidades alcanzadas hasta esta etapa. La sexualidad y la pertenencia al grupo de pares tienen un papel fundamental en el moldeamiento de la identidad, la regulación de la autoestima y el estado emocional (18,19).

La presencia del cáncer ocasiona una gran ambivalencia, ya que justo cuando el adolescente comenzaba a separarse de su familia de origen, a buscar relaciones y actividades fuera de casa, y a tener mayor autonomía, la enfermedad oncológica lo limita y le impone la necesidad de recibir nuevamente cuidados de sus padres y también del equipo médico; la regresión concomitante, por lo general, le resulta muy amenazante. Se ve obligado a reestructurar sus planes a futuro de acuerdo con su condición de enfermo y las secuelas que esto le imponga, especialmente en términos de la imagen corporal, la capacidad reproductiva y las habilidades cognitivas. La exacerbación de la omnipotencia característica de esta etapa puede dificultar que el adolescente comprenda la gravedad de su situación y las consecuencias de no seguir las indicaciones médicas, por lo cual es importante prevenir las conductas que puedan ponerlo en riesgo.

Consecuencias del cáncer infantil y adolescente en la familia

Siguiendo a Houzel (20), la parentalidad se refiere al proceso de convertirse en padres desde el punto de vista psíquico; se inicia desde mucho antes de que se dé la oportunidad real de la concepción, a partir de las fantasías y anhelos que surgen desde el momento en que hay consciencia de la capacidad de procreación, hasta concretizarse con el nacimiento de un hijo, y se va transformando a partir de la interacción con el hijo real conforme este va creciendo.

Tener un hijo enfermo y con posibilidad de morir supone una inversión del ciclo natural de la vida y, como tal, una experiencia traumática. Los familiares de los niños y los adolescentes que padecen cáncer se enfrentan a múltiples duelos por las pérdidas reales y simbólicas desde el momento del diagnóstico y a lo largo la enfermedad. En la familia puede presentarse síndrome de estrés postraumático o alteraciones en el proceso de adaptación a la enfermedad, como conspiración del silencio, síndrome del cuidador y claudicación familiar.

El impacto del cáncer en la familia depende del momento del ciclo vital familiar, el rol del paciente en la dinámica familiar, el funcionamiento familiar premórbido, la presencia simultánea de crisis evolutivas o situacionales, la concepción sociocultural acerca del cáncer y las características de la enfermedad.

Lizasoáin (21) señala que la presencia de una enfermedad en la infancia modifica el entorno familiar, afectando a sus tres subsistemas elementales: conyugal, paterno y fraterno; afirma que existe una tendencia a dirigir las investigaciones y las pautas de intervención a los dos primeros, olvidando generalmente a los hermanos, quienes también se ven afectados durante el proceso de enfermedad y suelen presentar celos, enojo y culpa.

Tizón (22) señala que, en el caso de que se dé la muerte de un hijo, se alterará la adaptabilidad del sistema y los elementos básicos de la dinámica familiar. Afirma que, si bien las familias sanas pueden llegar a afrontar la pérdida logrando transformar el sistema y sin esperar que otro hijo ocupe el lugar de aquel que falleció, con frecuencia pueden manifestarse alteraciones como: quedar afectados por la culpa, la tristeza y la depresión de por vida; escindir masivamente los hechos que llevaron a la pérdida, el fallecimiento en sí o su significado afectivo; presentar reacciones disociales o abuso de drogas; tener duelos congelados o duelos paranoides.

Aportaciones a la intervención

El objetivo principal del psicoanalista en este contexto consiste en ayudar a incrementar la calidad de vida del paciente y su familia, enfocándose en promover la elaboración de la experiencia traumática de la enfermedad oncológica y los duelos derivados de esta, para que logren reconocer sus recursos personales, familiares y sociales para enfrentarse lo mejor posible a la situación. En el abordaje psicológico es indispensable establecer un encuadre flexible en cuanto a la duración, la frecuencia y el espacio en el que se ofrecen las consultas. Asimismo, la intervención requiere de estar familiarizados con el desarrollo físico, emocional y social del niño y el adolescente, así como del conocimiento las técnicas de intervención adecuadas para los pacientes, los padres o cuidadores primarios, y los hermanos.

Psicodiagnóstico

Una de las técnicas más utilizadas para la evaluación infantil es la entrevista, la cual debe adaptarse a las capacidades de expresión de cada paciente (23) y puede llevarse a cabo ya sea con el paciente o en sesiones conjuntas con los padres; puede apoyarse en recursos como el juego, el dibujo o los cuentos. La entrevista con adolescentes resulta compleja, debido a que tienden a resguardar su intimidad y a priorizar el intercambio afectivo con los pares más que con los adultos; adicionalmente, como consecuencia de la enfermedad se encontrarán limitados en su autonomía y seguridad, lo que facilitará un funcionamiento regresivo y un intenso movimiento emocional, y será común que muestren enojo y rechazo al ofrecerles la atención. Es recomendable establecer el primer contacto para la entrevista directamente con el paciente, validando así su necesidad de autonomía y privacidad; será necesario realizar entrevistas posteriores con los padres —de preferencia con el adolescente presente— para complementar la evaluación y establecer el seguimiento de la intervención.

En la evaluación infantil también se emplea el juego diagnóstico, que consiste en una sesión de juego en la cual el niño tiene la oportunidad de expresar sus ansiedades, fantasías y recursos. Se lleva a cabo invitándolo a jugar a lo que él prefiera con los juguetes que se le proporcionan, incluyendo, en este caso, juguetes que representen el entorno médico. El psicólogo participa desempeñando los roles que el niño le solicite o haciendo algún señalamiento cuando haya manifestaciones de inhibición en el juego, pero sin hacer interpretaciones (24,25). Dio Bleichmar (26) señala que como parámetros de evaluación del juego diagnóstico deben considerarse las siguientes dimensiones:

a) Evolutiva: nivel de desarrollo cognitivo-afectivo del niño.

b) Interpersonal: modalidades que emplea el niño para relacionarse.

c) Psicoanalítica: definir el significado de lo que sucede en la sesión, considerando el juego como una vía de acceso a la subjetividad, los sentimientos y estados mentales. Para analizar esta dimensión es necesario tomar en cuenta tanto los contenidos del juego como la *secuencia* lúdica.

Otra técnica de evaluación son los test gráficos, que constituyen herramientas proyectivas que ayudan a delimitar tanto el nivel de maduración como las preocupaciones y defensas del niño ante su situación (23,25). La evaluación del dolor en los niños y adolescentes que padecen cáncer tiene una gran relevancia, ya que afecta significativamente el estado de ánimo e influye en la percepción del sufrimiento (27). Resulta de gran importancia determinar la relación que exista entre el dolor psíquico y el dolor físico del paciente.

Por su parte, Dio Bleichmar (26) destaca la importancia de incluir en la evaluación no solo la historia evolutiva, sino también la historia relacional, las capacidades de parentalización y la transferencia parental. Plantea también que valorar cuáles son los sistemas motivacionales más afectados (sistema de hetero/autoconservación, sistema de regulación emocional, sistema sensual/sexual, sistema narcisista y sistema de apego y cuidados del adulto) ayuda a determinar el tipo de ansiedad predominante del paciente y los estados afectivos manifiestos o latentes. Asimismo, es necesario valorar el estado mental del paciente y la sintomatología psicológica más relevante, e identificar la presencia de alteraciones psiquiátricas, trastornos de adaptación y antecedentes psicopatológicos. Die Trill (16) señala que se ha encontrado que hasta un 52% de los pacientes infantiles con cáncer llega a presentar trastornos de adaptación, el 17% un trastorno del estado de ánimo y el 30% trastornos de angustia de separación y temor en el curso de la enfermedad; afirma también que es de gran importancia descartar una causa orgánica ante la presencia de cambios comportamentales bruscos, agresividad o comportamientos violentos, ya que pueden ser resultado de alteraciones orgánicas subyacentes o de tratamientos médicos.

Como parte del proceso de evaluación infantil y adolescente, es necesario ofrecer una sesiones de devolución –tanto para el paciente como para los padres-en las cuales se les transmita con claridad la impresión diagnóstica y las recomendaciones para el seguimiento psicoterapéutico.

Intervención

La técnica más utilizada en el trabajo psicoterapéutico con niños y niñas es el juego, el cual constituye una actividad que facilita la comunicación, la expresión emocional y la relación terapéutica (23-26) al mismo tiempo -siguiendo a Freud (28)- permite al niño expresar de manera activa una vivencia pasiva, ofreciéndole la posibilidad de elaborar experiencias traumática (p. ej. jugar a ser el doctor aplica procedimientos médicos a los juguetes, cuando él ha sido sujeto a procedimientos médicos). El juego también puede usarse como recurso de apoyo para la psico-educación y como una herramienta distractora en el manejo del dolor y en la adaptación a la hospitalización.

Es recomendable que el hospital cuente con un cuarto de juegos (29) (o juguetes que sean transportables) donde se incluyan juguetes que representen al equipo médico y a los instrumentos que se emplean en los procedimientos; estos deben considerar normas de seguridad y de limpieza (30) y también es necesario que tomen en cuenta la capacidad del niño para jugar, de acuerdo con su nivel de funcionalidad y su condición inmunológica y plaquetaria. Para el tratamiento del dolor agudo o crónico, y para promover la adaptación a las hospitalizaciones y a los períodos de aislamiento, se emplean también técnicas cognitivo-conductuales (como imaginación, visualización y técnicas de respiración) y actividades artísticas.

La psicoeducación es otra herramienta de intervención, esta debe adaptarse a las capacidades cognitivas y emocionales de los pacientes; Sirgo (31) señala que, en pacientes adultos, esta puede llevarse a cabo de manera individual o en la modalidad de grupos psicoeducativos, lo cual puede adaptarse también a la población infantil y adolescente. Resulta relevante considerar que la información que se ofrezca acerca de los procesos emocionales ante la enfermedad y sus tratamientos, el espacio donde ésta se transmite y la persona que la comunica deben constituirse, como una unidad continente de las ansiedades del paciente y promover sus capacidades de tolerancia a la frustración, de elaboración y de reparación.

Para el abordaje con adolescentes y familias en el contexto hospitalario se emplea comúnmente la intervención en crisis, la cual según Slaikeu (32), consiste en ayudar a afrontar la enfermedad como un evento traumático y a restablecer el equilibrio emocional, incrementando los recursos y la posibilidad de crecimiento.

La psicoterapia de apoyo constituye otra modalidad de intervención de gran utilidad en este contexto, ya que, siguiendo a Kernberg (33) esta busca principalmente promover la adaptación a través del apoyo cognitivo y emocional; puede aplicarse individualmente o en grupo (p. ej., grupos de apoyo lúdicos para niños, grupos de apoyo de adolescentes o de padres).

La intervención psicológica debe adaptarse a las necesidades que presenten los pacientes en las distintas etapas de la enfermedad.

1) En la intervención posterior al diagnóstico es prioritario ofrecer un espacio de contención emocional a los padres y apoyarles para que logren asimilar la información y tomar decisiones después del impacto de la noticia; también se busca ayudarles en la difícil tarea de acompañar a su hijo en el inicio del proceso de la enfermedad.

2) En la etapa de tratamiento, el trabajo se enfoca en promover la adherencia a los tratamientos, promoviendo la adaptación a las hospitalizaciones y períodos de aislamiento, a los efectos secundarios de los tratamientos, y facilitando el manejo del dolor agudo de los procedimientos. Es necesario tener en cuenta los cuidados que recibirán los hermanos del paciente.

3) En la etapa de remisión, la intervención se enfoca en la readaptación al medio familiar, social y escolar, integrando las secuelas de la enfermedad y los tratamientos y previniendo la sobreprotección del paciente.

4) En la fase avanzada e incurable de la enfermedad, el abordaje prioriza el seguimiento del duelo anticipatorio del paciente y sus familiares, identificando sentimientos de culpa o ambivalencia en la relación y facilitando la despedida.

Conclusiones

A partir de las aportaciones de diversas teorías psicoanalíticas acerca de la infancia, la adolescencia y la familia, es posible facilitar la comprensión de la vivencia de la enfermedad y de los procesos inconscientes de salud-enfermedad, de tal forma que tanto la evaluación como las intervenciones estén sustentadas en una valoración adecuada de las características psicosociales y del funcionamiento mental de los pacientes al enfrentarse al cáncer (p. ej. fantasías sobre la enfermedad y la muerte; características del proceso de duelo; ansiedad predominante y mecanismos para enfrentarla; modalidad de vinculación y respuesta ante la separación; capacidad reparatoria y la dinámica familiar inconsciente). Desde ahí, difundir la utilidad de las teorías psicoanalíticas y su aplicación clínica en Oncología ofrece beneficios para promover la calidad de vida de los pacientes y sus familiares.

Resumen

El diagnóstico de cáncer implica una amenaza en cualquier momento del ciclo vital, sin embargo, enfermar en la infancia o la adolescencia tendrá implicaciones psíquicas, psicosociales y espirituales particulares y, por lo tanto, requerirá de procesos de evaluación e intervención psicológicas especializados. El objetivo de este escrito es describir el impacto que ocasiona el cáncer en el desarrollo psíquico y en la adaptación psicosocial en la infancia y la adolescencia, desde ahí, destacar algunas aportaciones para la intervención, sustentadas en una comprensión psicodinámica de la situación de enfermedad. Se concluye que a partir de las aportaciones de diversas teorías psicoanalíticas acerca de la infancia, la adolescencia y la familia, es posible facilitar la comprensión de los procesos inconscientes de salud-enfermedad, de tal forma que las intervenciones estén sustentadas en una valoración adecuada de las características psicosociales y del funcionamiento mental de los pacientes al enfrentarse al cáncer. Difundir la utilidad de las teorías psicoanalíticas y su aplicación clínica en Oncología ofrece beneficios para promover la calidad de vida de los pacientes y sus familiares.

Palabras clave: Psico-oncologia, cáncer infantil y adolescente, cáncer en adolescentes, desarrollo infantil, psicoanálisis infantil y adolescente.

Summary

Cancer diagnosis implies a threat at any time during the life cycle, however, getting sick in childhood or adolescence will have particular psychic, psychosocial and spiritual implications, and will therefore require specialized psychological assessment and intervention processes. The aim of this paper is to describe the impact of cancer in child and adolescent psychic development and psychosocial adaptation and, from there, highlight some contributions for intervention, underpinned in a psychodynamic understanding of the disease situation. It is concluded that from the contributions of various psychoanalytic theories about childhood, adolescence and family, it is possible to facilitate the understanding of the unconscious processes of health and disease, so that intervention is sustained in a proper assessment of psychosocial characteristics and mental functioning of patients to cope with cancer. Promoting the usefulness of psychoanalytic theories and its clinical application in Oncology offers benefits to promote the quality of life of patients and their families.

Key words: Psycho-Oncology, children's and teenagecancer, cancer in adolescents, childdevelopment, childand adolescentpsychoanalysis.

Referencias bibliográficas

1. Méndez X, Orgilés M, López-Roig S, Espada JP. Atención psicológica en cáncer infantil. *Psicooncología* 2004; 1(1): 139-54.
2. Barr RD. The adolescent with cancer. *Eur J Cancer* 2001; 37: 1523-30.

3. Roses M. Desigualdad y cáncer infantil. WorldHealthOrganization, 2013 Disponible en: http://search.who.int/search?q=cáncer+infantil&ie=utf8&site=default_collection&client=_es&proxystylesheet=_es&output=xml_no_dtd&oe=utf8 [Acceso 10 noviembre 2013].
4. Patenaude AF, Kupst MJ. PsychosocialFunctioning in PediatricCancer. *J Pediatr Psychol* 2005; 30(1): 9-27. Disponible en: http://jpepsy.oxfordjournals.org/ [Acceso 16 octubre 2013].
5. Spitz R. *El primer año de vida del niño.* México: Fondo de Cultura Económica, 1969.
6. Erikson E. *Infancia y sociedad.* Buenos Aires: Hormé-Paidós, 2009.
7. Freud S. Tres ensayos de teoría sexual [1905]. En Freud S. *Obras completas.* Tomo VII. Buenos Aires: Amorrortu, 2007. pp. 109-224.
8. Winnicott D. *Escritos de pediatría y psicoanálisis.* Barcelona: Paidós, 1999.
9. Golse B. De lo corporal a lo psíquico. En: Geissman C, Houzel D (eds.). *El niño, sus padres y el psicoanalista.* Madrid: Síntesis, 2006. pp. 491-501.
10. Mancia M. *Sentir las palabras. Archivos sonoros de la memoria implícita y musicalidad de la transferencia.* Buenos Aires: Lumen, 2006.
11. Mahler M, Pine F, Bergman A. *El nacimiento psicológico del infante humano.* México D.F.: Enlace Editorial, 2002.
12. Winnicott D. Transitional Objects and Transitional Phenomena: A Study of the FirstNot-Me Possession. *Int J Psycho-Anal* 1953; 34: 89-97.
13. Freud A. *Psicoanálisis del desarrollo del niño y el adolescente.* Barcelona: Paidós, 1992.
14. Gesell A, Amatruda C, Knobloch H, Pasamanick B. *Diagnóstico del desarrollo normal y anormal del niño.* México D.F.: Paidós, 1985.
15. Stone FH. *Psiquiatría para el pediatra.* México D.F.: La prensa médica mexicana, 1982.
16. Die Trill M. El niño y el adolescente con cáncer. En: Die Trill M (ed.). *Psicooncología.* Madrid: Ades, 2003. pp. 85-101.
17. Urribarri R. Descorriendo el velosobre el trabajo de la latencia. *Revista Latino-Americana de Psicanálise-* FEPAL 1999; 3 (1): 257-292
18. Blos P. *La transición adolescente.* Buenos Aires: Amorrortu, 2004.
19. López MI. *La encrucijada de la adolescencia,* 2.ª ed. México D.F.: Fontamara, 1990.

20. Houzel D. Convertirse en padres. En: Geissman C, Houzel D (eds.). *El niño, sus padres y el psicoanalista.* Madrid: Síntesis, 2006. pp. 311-28.
21. Lizasoáin O. Impacto de la enfermedad sobre los hermanos. Estrategias de actuación. En: Lizasoáin O (ed.). *Pedagogía hospitalaria. Compendio de una década.* Logroño: Siníndice, 2011. pp. 83-8.
22. Tizón J. *Pérdida, pena, duelo. Vivencias, investigación y asistencia.* Barcelona: Paidós Ibérica, 2004.
23. Esquivel F, Heredia C, Lucio E. *Psicodiagnóstico clínico del niño,* 2.ª ed. México: Manual Moderno, 1999.
24. Aberastury A. *Teoría y técnica del psicoanálisis de niños.* Buenos Aires: Paidós, 2004.
25. Siquier ML, García ME, Grassano E. *Las técnicas proyectivas y el proceso psicodiagnóstico.* Buenos Aires: Nueva Visión, 2003.
26. Dio Bleichmar E. *Manual de psicoterapia de la relación padres e hijos.* Barcelona: Paidós, 2005.
27. Orgilés M, Méndez FX, Espada JP. Procedimientos psicológicos para el afrontamiento del dolor en niños con cáncer. *Psicooncología* 2009; 6(2-3): 343-56.
28. Freud, S. Análisis de la fobia de un niño de cinco años. [1909]. En Freud S. *Obras Completas.* Tomo X. Buenos Aires, Amorrortu, 2da ed. 7ma reimpresión, 1984. pp 1-118.
29. Golden D. Terapia de juego para niños hospitalizados. En: Schaefer C, O'Connor K (eds.). *Manual de terapia de juego.* México: Manual Moderno, 1988.
30. Serrada M. Integración de actividades lúdicas en la atención educativa del niño hospitalizado. *Educere* 2007. Disponible en: http://www.saber.ula.ve/bitstream/123456789/20205/2/articulo7.pdf [Acceso 5 noviembre 2013].
31. Sirgo A, Gil F. Intervención psico-educativa y terapia de grupo en pacientes con cáncer. En: Gil F (ed.). *Manual de Psicooncología.* Madrid: Aula Médica, 2000. Pp 57-73.
32. Slaikeu, K. *Intervención en crisis.* México D.F.: Manual Moderno, 1996.
33. Kernberg O. Psicoanálisis, psicoterapia psicoanalítica y psicoterapia de apoyo: controversias contemporáneas. *Rev Psiquiatr Urug* 2000; 64(2): 336-352 Disponible en: http://www.biblioteca.cij.gob.mx/Archivos/Materiales_de_consulta/Tratamiento_alcohol_y_drogas/Articulos/Psicoterapias_de_apoyo.pdf[Acceso 15 de octubre 2013].

Ecos y murmullos de la guerra civil española. Intolerancia a lo femenino[1]

Susan Mónica Mulhern Ledesma[2]

"Tristes armas
si no son las palabras.
Tristes. Tristes.
Tristes hombres
si no mueren de amores
Tristes. Tristes."
Miguel Hernández

Este trabajo empezó a gestarse hace muchos años, cuando en mi infancia yo escuchaba sobre la Guerra Civil Española, en la casa de los abuelos, ¡cuántas cosas pasan en la casa de los abuelos! Con el tiempo el eco de la misma llegó a mi consultorio. Al igual que mis pacientes yo también había olvidado el horror que había sentido al escuchar estas historias que aderezaban las comidas, o servían como tema de sobremesa. Al principio eran sonidos inconexos, después adquirieron un sentido, cuando revisé mi contratransferencia, y pude volver a oír algo que yo también había escuchado y olvidado.

La primera persona, a la que llamaré Nemesia, ella contribuyó con este eco, era una mujer madura originaria de Valencia, España, que había vivido la post-guerra en Francia. Su motivo de consulta fue una depresión muy seria por la muerte de un hijo; en el transcurso de las sesiones apareció la "*Madre Muerta*" a la manera en que la describe André Green (1980). Ante los ojos de Nemesia su madre estaba muerta, aunque vive en un pueblo del sur de España. Nunca en su discurso habló Nemesia de sus años en Francia, ni de su salida del pueblo por causa del hambre y la falta de trabajo,

---

1 Trabajo presentado en el X Diálogo Latinoamericano Intergeneracional entre Hombres y Mujeres. COWAP, celebrado en el *World Trade Center* Ciudad de México los días 12 y 13 de abril 2013.

2 Psicoanalista titular y didáctica de la Asociación Psicoanalítica Mexicana.

pero un ligero acento la delató. Así que le pregunté por su acento, y allí se engarzó la historia de esos años terribles de guerra y post-guerra que había vivido su familia. Esos primeros años de su infancia habían quedado en el olvido. Ahora su mayor dolor era que había perdido a su hijo, hacía años, por un problema cardíaco, y no lograba sentirse mejor; se describía como una mamá muy gritona que todo el tiempo estaba enfadada y se sentía profundamente triste. Después de la muerte del pequeño vinieron otros dos hijos, también varones con los que no lograba conectarse.

Otro paciente, José, incrementó el eco; un hombre maduro ya entrado en los sesenta años de edad y cuyos dos padres estuvieron en campos de concentración durante el franquismo. Él nació en enero de 1945, la post-guerra la vivió con sus padres en España, en medio de hambre y frío. Su motivo de consulta fue "*su esposa lo mandaba porque tenían muy mala relación de pareja*". El tampoco se ocupaba mucho de hablar de sus años de infancia, hasta que en una sesión hablando de sus malas relaciones con las mujeres expresó: "*me molestaba mi madre, ella orinaba de pie*", a lo que yo pregunté ¿cómo? Y el paciente respondió si "*debe haber sido porque ella estuvo presa en un campo de concentración*". Hasta entones en las sesiones no había aparecido el tema de la guerra, ni de sus años de infancia, de la post-guerra. También habían quedado en el olvido. No se hablaba en ésta familia de ese enorme dolor; habían llegado en los años cincuenta a México, donde lo más importante fue sobrevivir y adaptarse a su condición de españoles en México.

La tercera persona María Antonia, contribuyó al eco de una manera muy dosificada, ella me ha ido contando sobre su evacuación de España hacia Francia. María Antonia, frecuentemente me pregunta: "*¿Por qué soy como soy?*" Ella nació en enero de 1934, en un pueblo de Ávila, España, sus recuerdos son sobre los bombardeos, los refugios antiaéreos, su llegada a México y todas esas vicisitudes que constituyen su historia de vida. María Antonia cuenta hoy con 79 años de edad.

Las huellas de esta guerra quedaron inscritas en estas tres personas, dos mujeres y un hombre. Al irme adentrando en sus vidas y conociendo detalles de las mismas comprendo lo que expresan René Käes y Faimberg (1996), lo transgeneracional y observo en todos ellos esta fuerza y apego a la vida, su resiliencia, todos ellos provenientes, dicho en sus propias palabras "*De la cultura del esfuerzo*" y cito al autor: "Lo ineluctable es que somos puestos en el mundo por más de otro, por más de un sexo, y que nuestra prehistoria hace de cada uno de nosotros, mucho antes del desprendimiento del nacimiento, el sujeto de un conjunto intersubjetivo cuyos sujetos nos tienen y nos sostienen como los servidores y los herederos de sus sueños de deseos irrealizados, de sus represiones y de sus renunciamientos, en la malla de sus discursos, de sus fantasías y de sus historia" (p. 12). Ya Freud en *Tótem y Tabú* (1912) nos advirtió: "Nos vemos forzados, pues, a admitir que no hay proceso psíquico más o menos importante que una generación sea capaz de sustraer a la que sigue" (p. 159).

Käes y Faimberg en su libro *Transmisión de la vida psíquica entre generaciones* (1996) mencionan que los autores N. Abraham y María Torok, M. Krüll y M. Balmary nos proponen: "Que nada puede ser abolido que no aparezca algunas generaciones después, como enigma, como impensado; es decir, como signo de lo que no pudo ser transmitido en el orden simbólico" (p. 27).

En libro de Serge Tisseron (1997) *El psiquismo ante la prueba de las generaciones* de 1997, en el capítulo 1°, apartado III: "Filiación de los traumatismos no superados" explica:

> "Cuando en una generación, después de un traumatismo que puede ser un duelo, pero que también puede ser cualquier tipo de experiencia traumatizante, no se hace el trabajo de elaboración psíquica, resulta en consecuencia un clivaje que va a constituir para las generaciones ulteriores una verdadera prehistoria de su historia personal. El acontecimiento en cuestión puede denominarse indecible en la medida en que está presente psíquicamente en aquél o aquellos que lo han vivido, pero de tal manera que este no puede hablar de ello, lo más a menudo a causa de una vergüenza.En la generación siguiente el hijo criado por padres portadores de un traumatismo no elaborado y clivado debe tratar no ya con una experiencia traumática personal, sino con el clivaje del o de los padres de los que depende psíquicamente" (p. 18).

En la primera paciente, Nemesia es más relevante el problema de la madre muerta, su madre, una mujer que vivió las humillaciones en ésta guerra, primero por ser mujer y después por ser roja. Hay un vacío, donde se configuró su depresión, la madre de Nemesia murió psíquicamente ante el horror de ver muertos a todos sus familiares, de vivir huyendo siempre con hambre.

De esta primera paciente puedo decir que el tratamiento fue corto; como mencioné anteriormente el motivo de su consulta fue que su hijito de seis años había muerto hacía más de diez años, de un padecimiento cardiaco, con una depresión seria y en su historia de infancia "*la madre muerta*".

Con el segundo paciente ya con cinco años de tratamiento, hemos ido revisando esa parte de su vida con sumo cuidado porque las heridas que dejó esta guerra son profundas; durante las primeras sesiones analíticas nada en su discurso mostraba ese dolor. Cuando empezó a hablar de sus padres comenzó a configurarse el tema de la guerra "*.... es el resultado de haber vivido en un campo de concentración, a mí madre la apresaron los franquistas porque pensaron que conspiraba contra el General Franco, ella estuvo presa durante meses, mí padre también estuvo preso, ambos en el campo de concentración de Zaragoza, al final los soltaron a los dos*". Mi madre sólo pensaba en trabajar y guardar dinero, "*por cualquier cosa que sucediera*". En estas dos personas el motivo de consulta no tiene que ver nada con estas experiencias transgeneracionales y ellos mismos ni siquiera toman en cuenta lo vivido para explicar su historia actual.

Y de la tercera persona María Antonia, quisiera comunicar con más detenimiento su padecer, en este diálogo intergeneracional. A cuenta gotas he ido sabiendo cosas de su vida, nada en su acento delata su origen español; en los dos pacientes previos sí se escucha, sobre todo en las entonaciones de algunas palabras, algo me sonaba diferente. Un acento no muy marcado.

María Antonia me ha contado por episodios el que ella siendo una niña salió de su pueblo natal, Ávila en compañía de sus padres, sus hermanos y de una tía materna conocida como "Primi", por su nombre de Primitiva y que ella odiaba. Era una mujer sin estudios porque en aquella época no se usaba que las mujeres estudiaran, había nacido por el año de 1911 y la guerra no le dio oportunidad de nada, enrolada con los republicanos ella creía en la libertad y en la independencia de las mujeres. Era hábil para trabajar con las manos, eso aquí en México le daría de comer a ella y a la familia. El papá de María Antonia pronto los abandonaría. Primi salió de España con su hermana, el cuñado (papá de María Antonia) y la familia, es decir seis niños y un adolescente, el hermano mayor de Antonia. Esta familia recibió el aviso de que "*ya estaban en la lista de Franco para ser fusilados*". Tomaron sus pocas pertenencias, caminaron hacia la ciudad de Barcelona para poder salir por la frontera con Francia.

María Antonia me repite que "*fuimos a Francia porque pensábamos que todo iba a terminar pronto*", pero después de la guerra civil se desató la segunda guerra mundial, ya no había esperanza, "*los grandes caminaban, los niños íbamos sentados en carros tirados por vacas, mí mamá nos tapaba la cabeza para que no viéramos los cadáveres que había en las veredas. Por el camino se nos unía la gente, algunos se iban quedando en los diferentes pueblos por los que pasábamos, teníamos hambre y frío. Por fin llegamos a Francia donde estuvimos muchos meses, pero tuvimos que huir hacia Santo Domingo; ahí estuvimos como dos años y luego nos embarcamos hacia México. En Francia mí mamá dejó a mí hermana más pequeña, a la que había bautizado con el nombre de Libertad, la dejó con su hermana porque mí mamá pensó que iba a estar más segura, íbamos a lo desconocido, no teníamos mucha idea de cómo era México. Al poco tiempo supimos que Libertad había muerto. Primero llegamos a Santo Domingo, permanecimos unos meses ahí y luego por buque viajamos hacia Veracruz, todavía recuerdo la milanesa empanizada que me comí al llegar al puerto".*

"Ya establecidos en México mamá se hizo cargo de mis demás hermanos. Papá, mí hermano, Primi y yo nos pusimos a trabajar. Trabajábamos en un pequeño negocio donde hacíamos pacas de papel, eso nos dejaba para vivir muy modestamente pero aquí, en el cielo de México no veíamos aviones bombardeando pueblos. Aquí dejé de tenerle miedo al cielo." María Antonia continúa con su relato: "*Las mujeres que andaban con los republicanos como Primi eran valientes, aprendían a usar las armas, cocinaban, limpiaban, atendían a los niños, solteras o casadas tenían un anhelo de libertad y pagaban con torturas, humillaciones, fusilamientos su osadía de querer ser diferentes*".

María Antonia me dice: "*Ahora que te conozco, analizo lo que fue mi vida, antes no había reparado, pero en mí relación contigo he aprendido a analizar, a repensar, a recordar. Antes no recordaba, pero toda mí vida me decía a mí misma ¿por qué soy así?*". Mary y su tía Primi son a la manera de Pirandello unos personajes que han pugnado por salir del anonimato para contar su historia y darle un sentido a su vida. Primi falleció hace aproximadamente diez años. Mary hoy recuerda a "Mariana Pineda", una heroína republicana de la obra teatral de García Lorca, María Antonia me dice "*Se me han ido moviendo los recuerdos de mí infancia, juventud y al hablarlos he entendido mí vida*".

En la búsqueda histórica de las mujeres en éste terrible período de guerra y devastación, encontré que las autoras Anderson y Zinnsser (1991) describen que: "las mujeres también se han relacionado con la guerra, pero casi siempre como sujetos pasivos, elementos de intercambio, recompensa para los vencedores o sufridoras de la misma" (página 1,131). De esto tenemos un sinnúmero de ejemplos. Y abundan en el tema: "La caída de la monarquía, durante la Segunda República, en 1931 fue acogida con júbilo por algunas mujeres y con inquietud por otras, pero sus consecuencias fueron importantes para todas ellas" (p. 1,178).

La realidad social de las mujeres en éste nuevo marco legal republicano, cambió en pequeña medida la vida de las mujeres; el derecho al trabajo remunerado, se encontraba limitado por las obligaciones familiares y domésticas, establecidas en la división genérica del trabajo; así durante la "República" las mujeres activas fuera del hogar eran una minoría de 14% del total de las potencialmente activas. Eran mujeres menores de 30 años, solteras, el matrimonio seguía siendo una barrera para el trabajo remunerado, pese a la nueva legislación. Además la crisis económica, durante los años treinta frenó la incorporación al mundo laboral de las mujeres. Y continúan las autoras: el impacto de la guerra civil consiguió vencer parcialmente la ideología patriarcal y logró incorporar a las mujeres al trabajo de la producción de bienes y servicios de la retaguardia. Para 1939 explican Anderson y Zinsser que la sección femenina contaba con 11,000 inscritas, pero llegó a convertirse en una organización de masas y ayudó a sostener la dictadura.

La incorporación de las mujeres a la vida pública durante el período republicano, posibilitó un cambio en las relaciones de género, pues dio a las mujeres una vía para la independencia económica y personal al alejarlas parcialmente del dominio patriarcal familiar. Sin embargo, no se cuestiona todavía la división del trabajo según el género en el ámbito familiar; según ésta división, el papel fundamental de la mujer seguía estando en el hogar, como madre, esposa e hija. El resultado adverso de la guerra para los republicanos cortó radicalmente estas transformaciones en la situación de la mujer española. Y ahondan las autoras: las mujeres más destacadas por su actividad política sufrieron la represión, la cárcel o el exilio.

Durante la post-guerra, la realidad social de las mujeres estuvo marcada por el hambre, la miseria, el miedo, en un ambiente de fuerte control social, bajo la mirada vigilante de la iglesia y la policía. En el hogar, las mujeres no alcanzaban niveles de instrucción, medio considerado superfluo para una buena esposa. Las niñas de clase media y alta eran "educadas" en la obediencia y sumisión de colegios de religiosas; las mujeres del campo u obreras carecieron de cultura debido a que no pudieron ir a la escuela. Las mujeres republicanas fueron víctimas de una cruel represión, no sólo pagaron por sus ideas sino, por las de los hombres de su familia, enviados a campos de concentración, o asesinados (Anderson y Zinsser).

En la búsqueda de un historiador, que fuera un estudioso del tema y que no inclinara la balanza encontré a Paul Preston (2011) que en su libro *El holocausto español* relata después de hacer un sinnúmero de entrevistas que "el hambre en la España rural de 1936 es hoy poco menos que inimaginable... La violencia institucionalizada en las zonas rebeldes donde las mujeres republicanas capturadas, eran violadas y torturadas por falangistas, éste procedimiento era indispensable para instaurar el terror, de ésta manera estas mujeres eran responsables de los actos de sus maridos y hermanos. Se abusaba sexualmente de las mujeres cuyos maridos habían huido o habían sido fusilados. A estas mujeres se les rapaba y se les purgaba con aceite de ricino" (p. 180). Y continúa el autor: "Se decretó la prohibición del luto, con esto se pretendía privar a las madres, hermanas, esposas, novias de los liberales, de llorar su pérdida y de expresar su solidaridad con el movimiento republicano" (p. 164).

La situación de las monjas explica Preston: El clero español estaba constituido por 115,000 miembros, cerca de 45,000 eran mujeres, los estudios más recientes elevan a 296 el número de monjas asesinadas en esta guerra, lo que representa el 1.3% de las religiosas de la zona republicana. El arzobispo Montero Moreno detalló que las víctimas, no denunciaron sus vejaciones y de cualquier manera no se libraron de la muerte. Esta guerra fue producto del odio social. Preston tras años de estudiar esta guerra escribió: "El grado de amargura generado por los enfrentamientos de clase anteriores a 1936, fue un factor decisivo en la magnitud que alcanzó la violencia; en ambos bandos se cometieron atrocidades contra las mujeres" (p. 322). Por cuestiones históricas de España, las columnas de la muerte eran integradas por moros, ellos eran los encargados de violar a las mujeres.

Preston en su tratado sobre éste tema dice: "La miserable existencia que aguardaba a los derrotados, en la España de Franco explica el aumento notable del índice de suicidio. Las mujeres fueron objeto de actos de crueldad considerable, bajo el amparo de la retórica franquista de "Redención". "La confiscación de bienes, prisión en represalia al comportamiento del hijo o del esposo. Las viudas y las mujeres de los prisioneros padecieron violaciones, a muchas no les quedó más remedio que vivir en la más absoluta pobreza y con frecuencia por desesperación cayeron en la prostitución para subsistir. Estos les confirmaba que los rojos eran una fuente se suciedad y corrupción" (p. 610).

Es así como al revisar mis contratransferencia fui entendiendo, y conformando este tema ya olvidado, pero sabido. Sólo con la reflexión al recordar y volver a sentir el dolor profundo que me causa escuchar éstas historias llenas de sufrimiento, pero con esperanza, porque estas tres personas valoran en profundidad la vida.

Resumen

Este trabajo versa sobre tres viñetas, dos de pacientes femeninas y el tercero sobre un varón. La primera vivió la postguerra en Francia, la segunda al ser muy pequeña abandonó junto con su familia España, huyeron caminando a través de Francia y después por barco hacia América. El varón vivió la postguerra en su ciudad natal. El ambiente de desolación y muerte se respiró en estas tres familias de manera transgeneracional. La resiliencia de estas tres personas quedó manifiesta por la forma en que han llevado sus vidas. Analizar la contratransferencia es imprescindible para entender todo lo que puede re-resentirse y que tiene su origen en el pasado de la analista. Los motivos de consulta de estas tres personas nada tuvieron que ver con la guerra o postguerra, sólo con el paso de las sesiones fueron cayendo en cuenta en el tema de la guerra y como les había afectado.

Palabras clave: Contratransferencia, resiliencia, transgeneracional.

Summary

This paper deals with three vignettes, two females and a male. The first one lived the post war years in France. The second one left Spain with her family when she was very young. They crossed France and then they went to America by ship. The male lived the postwar year in his native town. The atmosphere of desolation and death was around these three families. This encircled the families in a transgenerational way. The resilience in this three people can be seen in the courses the way they have lived their lives. Analyzing the countertransference is essential to understand everything that can be feel again. Its origin is in the past of the analyst. The motives of the therapy have nothing to do with the war or postwar years. It was only after many sessions that they realize how these events have affected their lives.

Key words: Countertransference, resilience, transgenerational

Referencias bibliográficas

ANDERSON, B., ZINSSER, J. (1991). *Historia de las mujeres. Una historia propia.* Barcelona: Editorial Crítica.

FREUD, S. (1912). Tótem y tabú. En *Obras completas,* Trad, J.L. Etcheverry, Buenos Aires: Amorrotu, Tomo XIII:1-164

GREEN, A. (1980). *Narcisismo de vida y narcisismo de muerte* Buenos Aires: Amorrortu HERNÁNDEZ, M. (1998). *Antología poética.* Madrid: Editorial Castalia Didáctica.

KÄES, R., FAIMBERG, H. (1996). *Transmisión de la vida psíquica entre generaciones*. Buenos Aires: Amorrortu.

PRESTON, P. (2011). *El holocausto Español. Odio y exterminio en la guerra civil y después.* España: Editorial Debate (1era ed.).

TISSERON, S. (1997). *El psiquismo ante la prueba de las generaciones. Clínica del fantasma*. Buenos Aires: Amorrortu.

Panel: ficción y comunicación emocional en psicoanálisis

El estatuto metapsicológico de los entes ficticios[1]

Juan Vives Rocabert[2]

"La capacidad de soñar y fantasear es un don precioso, porque expande una vida abriéndola a muchas otras, como un millar de capullos floreciendo en una rama".
Page e Ingpen (1985)

Definiremos tentativamente a los entes ficticios como aquellos que no existen en la realidad fáctica del mundo pero que, sin embargo, existen en las obras de la creatividad humana, sea en los mitos de las diversas culturas: Odín, Zeus, Thor, Osiris y Afrodita, sea en los productos de la plástica: la Venus de Milo, la Victoria de Samotracia, la Gioconda y la Maja desnuda, sea en las obras literarias: Don Quijote y Sancho Panza, Madame Bovary, Anna Karenina, el Capitán Nemo o James Bond. Todos estos personajes comparten el rasgo común de ser creaciones humanas, salidas de la imaginación humana, individual o colectiva, del cincel, la pluma o los colores de los artistas que las pensaron y dieron vida a través de sus obras.

Dado que se trata de creaciones artísticas o míticas, son producto de la actividad imaginaria de personas con dotes especiales o de las colectividades humanas que, en diversas épocas han poblado el cielo y la tierra de seres fantásticos. Los dioses de todos los tiempos, desde los primitivos tótems, origen y fundamento de las familias y tribus humanas; los personajes literarios prototípicos, al grado que han quedado constituidos en arquetipos culturales, como es el caso de Ulises, Edipo, Eneas y Fausto, la personificación de las estaciones del año, de los vaivenes calmos o

---

1 Trabajo leído durante el LIII Congreso Nacional de Psicoanálisis: "Realidades y Ficciones", de la Asociación Psicoanalítica Mexicana, en Querétaro, Qro. (México), el 7 de diciembre del 2013.

2 Psicoanalista didáctico y vitalicio Asociación Psicoanalítica Mexicana; Psicoterapeuta Analítico de Grupo, Asociación Mexicana de Psicoterapia Psicoanalítica de Grupo. IPA *Research Fellows.*

tormentosos del mar y del aire, los movimientos de la tierra, el sol, la luna y las estrellas que cintilan en el firmamento, todos ellos son entes creados por la fantasía humana.

La pregunta que nos motiva tiene que ver con la determinación del estatuto metapsicológico de dichos seres producidos por una actividad fundamental del ser humano, que es su capacidad para imaginar, para producir fantasías. El reino de lo imaginario puede ser subdividido en normal y patológico. La distinción reside en que la creación de un ente fantástico siga, pese a ello, sometido al principio de la realidad -en el caso de la normalidad- o que su creador esté convencido de la realidad fáctica de sus ensoñaciones, en cuyo caso estamos en presencia de una alucinación o de un delirio.

Un caso particular de los entes ficticios es el relativo a los que aparecen en la literatura fantástica. En este terreno no sólo topamos con el problema de los entes ficticios, sino que dentro de la ficción se pone en entredicho la lógica, o se alude a lo sobrenatural y se borran las fronteras entre lo físico y lo mental, reproduciéndose, de alguna manera, el pensamiento de tipo animista tan magistralmente descrito por Frazer en *La rama dorada (*1922), o los límites entre el sujeto y el objeto (Todorov, 1968). La literatura fantástica sería aquella en donde aparecen siempre parámetros que tienen que ver con "lo inexplicable", "lo inadmisible" o "el misterio". Los cuentos de hadas son un ejemplo clásico de este tipo de entes ficticios fantásticos, ya que en ellos se recurre a la presencia de hadas, buenas y malas; de magos de todo tipo, gnomos, animales que tienen el don de la palabra, seres capaces de producir encantamientos prodigiosos o fenómenos atmosféricos a voluntad. De igual forma, hay una serie de animales más o menos míticos que comparten estas características, como ocurre con el pegaso, la esfinge y el minotauro, los centauros y grifos, los dragones y los tritones, entre otros (Page e Ingpen, 1985).

Todorov define al lenguaje literario como "un lenguaje convencional en el que la prueba de verdad es imposible: la verdad es una relación entre las palabras y las cosas por ellas designadas; ahora bien, en literatura, esas 'cosas' no existen. En cambio, la literatura tiene una exigencia de validez o coherencia interna" (Tororov, 1968, p. 66). Es claro que el universo descrito por la literatura no tiene una existencia exterior al lenguaje. Por ejemplo, Macondo es un lugar mítico, literario, ideado por Gabriel García Márquez para desarrollar la geografía de su obra cumbre, y por mucho que su referente en la historia del autor apunte hacia sus experiencias infantiles en Aracataca (Colombia), el mundo de Macondo es inexistente aunque plenamente coherente y verosímil (Camacho, Vives y Solís, 1977). Resulta interesante que, para Todorov, quien sigue de cerca ciertos dictados del psicoanálisis, los temas de la literatura fantástica se dividen en lo que él llama "temas del Yo" -que tienen que ver con el mundo en el que se han borrado las fronteras entre el espíritu y la materia[3], y en el que se confunden las palabras con las cosas, es decir, se trata del mundo de las psicosis -y los "temas del Tú"- cuyo punto de partida es el deseo sexual, particularmente sus formas hipertrofiadas o deformadas, como es el caso de la homosexualidad y las demás perversiones, donde intervienen la crueldad y otras formas de violencia, es decir, lo que tiene que ver con el hombre y su deseo inconsciente, lo cual pertenece al mundo de las neurosis.

Es interesante que, una de las peculiaridades de los entes ficticios es su convivencia, sin conflicto alguno, con el mundo de la realidad. Pese a la contradicción que esto podría suponer, el hecho es que el mundo irreal e inexistente en el que habitan los seres imaginarios y ficticios, puede imperar, sin contradicción alguna, con lo que conocemos como el mundo de la realidad. Pese a que los seres que habitan ambos mundos obedecen a leyes completamente distintas las unas de las otras, pese a ello, "el mundo maravilloso y el mundo real coexisten sin conflictos", nos dice Flora Botton (1983, p. 14). ¿Cómo es esto posible? Sólo gracias a la facultad de poner entre paréntesis, temporalmente, las funciones que imperan en el Principio de la realidad, permitiendo de esta forma, un predominio de la dinámica del Principio del placer.

Tenemos que advertir la presencia de un requisito fundamental dentro de la literatura: para que estos entes ficticios tengan esa fascinación que permite su perpetuación a través de los siglos, es indispensable que cuenten con la colaboración del lector, del oyente o del admirador de la obra de arte. El lector o admirador colabora gracias a la capacidad de poner en suspenso su juicio crítico y su dependencia del Principio de la realidad. Por ello podemos entender a cualquier producción artística como una obra creada por un sujeto, pero complementada por el receptor de dicha creación: el lector, el partícipe en el mito, el admirador de una obra plástica. Resulta particularmente transparente en el caso de la literatura, ya que la obra

3 Este borramiento de las fronteras "engendra diversos temas fundamentales: una causalidad particular, el pan determinismo; la multiplicación de la personalidad; la ruptura del límite entre el sujeto y objeto; y, por fin, la transformación del tiempo y el espacio" (Todorov, 1968, p. 94)

literaria sin el concurso del lector prácticamente deja de existir (R. Krauze, 2003). Es el lector quien la complementa -y en este sentido sería una suerte de co-creador- ya que tiene que haber una comunión entre quien escribe y quien lee un relato. De esta manera, hay tantos Ulises como lectores de la obra de Homero, tantos Hamlet como lectores del drama inmortal de Shakespeare. Cada mente crea un Quijote del tamaño de sus necesidades emocionales, cada quien termina de fabricar la persona del padre Goriot según sus deseos, cada persona representa a Antígona en virtud de sus fantasías; todos ellos determinados, en buena parte, por las condiciones de su cultura y el tiempo histórico en el que se acercan a un determinado autor o relato literario.

Para los entes novelescos que han complejizado su existencia a través de un actor o actriz al ser llevados al cine, el teatro o la televisión, entendemos que dicha circunstancia determina otros problemas y complicaciones, ya que en estos casos el ente de ficción tiene un rostro real, incluso un rastro en el que puede advertirse el paso del tiempo, como ocurrió con la serie de películas en relación a la saga de Harry Potter de la hoy famosísima Joanne K. Rowling, ya que Harry Potter, Hermione Granger y Ron Weasley, representados por los actores Daniel Radcliffe, Emma Watson y Rupert Grint se fueron transformando de niños a adolescentes y jóvenes en las sucesivas películas que se hicieron en el transcurso de diez años (2001-2011); o donde un héroe moderno como el agente 007, el James Bond de las novelas escritas por Ian Fleming, ha soportado la eventualidad de tener muchos rostros desde su inicio en 1962 hasta la fecha, según el personaje sea estelarizado por David Niven, Sean Connery, George Lazenby, Roger Moore, Timothy Dalton, Pierce Brosnan o Daniel Craig. De cualquier manera, no hay que perder de vista que los personajes ideados por el autor permanecen en estado en que éste los dejó. En la saga de J.K. Rowling, el niño Harry Potter del primer libro permanecerá así para siempre, de igual modo como el joven de la séptima entrega ha quedado detenido en el tiempo tal como su autora lo describió.

¿Qué edades tienen Zeus, Poseidón, o la bella Artemisa? No lo sabemos, pero sí que son eternos. ¿Qué edades tienen los personajes Dante y Virgilio que pasean por el Infierno en la *Divina Comedia*? Como podemos ver, este es un caso particularmente interesante, dado que los personajes *Dante, Virgilio y Beatriz* están basados en las personas históricas y reales del mismo nombre, pero al mismo tiempo no son los dos famosos poetas ni la mujer de la que el primero se enamoró. Publio Virgilio Marón, el gran poeta latino autor, entre otras cosas, de la *Eneida*, murió a los 49 años, sin embargo, el personaje Virgilio es eterno, y por siempre será el guía de Dante en su viaje por el Infierno y el Purgatorio. El poeta Dante Alighieri vivió en Florencia y ha sido inmortalizado como el autor de la *Comedia*, luego re-etiquetada como la *Divina Comedia*, y murió a los 56 años, pero el personaje de dicha obra ha quedado fijado en el tiempo y en la historia, y permanecerá en las páginas del excelso poema para siempre con las características que el poeta quiso que le identificaran. Por su parte, Beatriz Portinari, dama florentina de la que Dante se enamoró al conocerla cuando ella tenía ocho años de edad y nuestro poeta nueve, creció en su ciudad natal, se casó con un banquero y murió a la temprana edad de 24 años, pero ha permanecido joven y pura por siempre como el personaje que acompaña a *Dante* en su periplo por el Paraíso. Ambos poetas tuvieron sus respectivas vidas, envejecieron y murieron, pero los personajes que aparecen en la obra de Alighieri siguen y seguirán ahí eternamente.

¿Cuál es el estatuto de algunos de los personajes de la Segunda Parte del Quijote que han leído la primera? Aquí estamos en presencia de un artificio literario sutilmente ideado por Cervantes para difuminar los planos de la realidad y la ficción. Al quedar desdibujados dichos espacios, entendemos que se trata de entes ficticios que, sin embargo, parecen haber sido personas reales que han tenido la oportunidad de leer una obra de ficción, que es la Primera Parte del Quijote. Con lo cual bien podría suceder que el lector del Quijote, en un momento dado, se preguntara si él mismo es real o un personaje que lee la obra y aparecerá el un capítulo próximo de la misma.

En este sentido, es pertinente recordar que Alfonso Reyes dejó dicho que: "Cada ente literario está condenado a una vida eterna, siempre nueva y siempre naciente, mientras viva la humanidad" (Reyes, 1952, p. 65).

Es claro que los seres imaginarios que aparecen en la literatura o en la plástica, son entes que tienen la peculiaridad de no obedecer al principio de realidad, sino a la pura inventiva y decisiones de su autor y creador, inventiva tamizada por la participación de cada lector singular. Son con frecuencia entes intemporales, como se dice que ocurre en el inconsciente, donde no hay tiempo. Por tanto, no envejecen, a menos que su creador decida que así ocurra.

Como bien dice Rosa Krauze, la literatura es un tipo de narración que no tiene que ver con la verdad, no se relaciona con el mundo de la ciencia; tampoco puede ser reputada como un tipo de discurso informativo -aunque puede contener cierto tipo de información en su seno; sin embargo, como bien sabía Freud, es mucho lo que podemos aprender de ella, aunque sea un tipo de conocimiento que no transite por los cauces clásicos del discurso científico. Lo que resulta más interesante y tratamos de investigar es el tipo de conocimiento que la literatura puede transmitirnos.

Desde esta perspectiva, podemos decir que para el psiquismo del receptor de la obra literaria o plástica, los entes ficticios tienen un estatuto metapsicológico peculiar. Desde la perspectiva tópica de la metapsicología, podemos ver que pertenecen a un estrato que, partiendo del inconsciente y teniendo muchas de las características que en dicho lugar son posibles (atemporalidad, abolición del principio de no contradicción, en ocasiones una ruptura total con la lógica o las leyes de la causalidad y de la naturaleza, eternidad y obediencia irrestricta al Principio del placer), acceden sin embargo, con todo ese bagaje de irrealidad, a la conciencia. Los entes ficticios son habitantes de la ensoñación, pertenecen al mundo de la fantasía -consciente e inconsciente- y gozan de los atributos de ambos sistemas.

Es claro que la dinámica psíquica de estos entes depende de una función que el ser humano ha desarrollado desde su más tierna infancia, me refiero a la capacidad de poner en suspenso su credibilidad, o la disponibilidad de creer en la existencia de dichos entes *como si* existieran en la realidad. Esta función fue descrita desde hace muchos años por W. Stern (cit. por Leo Kanner), quien la denominó "juego alucinatorio", es decir, un juego en el que el niño crea activamente dichas *alucinaciones*, donde simultáneamente, cree que un avión evoluciona en el aire haciendo todo tipo de proezas y, al mismo, tiempo, sabe que se trata de su mano: solo actúa *como si* fuera un avión -avión que *sabe* él ha creado con su mente. Es la capacidad por la que una niña acuna, alimenta, regaña, enseña y baña a su hijita, al mismo tiempo que *sabe* que ella ha creado esa fantasía y que, en realidad, se trata de una muñeca de pasta; pero actúa *como si* fuera una niñita, hija de ella. De esta forma, la imaginación -la loca de la casa, como comúnmente se le llama-, es una parte insoslayable y fundamental del psiquismo del hombre.[4]

Después de todo, la permanencia en el adulto de esta característica *cómo si* es la que hace posible asistir al teatro o al cine y conmoverse, llorar o reír con lo que allí sucede *como si* fuese algo real y no la escenificación llevada a cabo por unas personas que no tienen nada que ver con los personajes ni la

4 En relación al tema de la imaginación, ya Jean Paul-Sartre le había dedicado una interesante monografía: *La imaginación*. Pero resulta lamentable que no haya tenido en cuenta las aportaciones fundamentales del psicoanálisis. Por su parte, también María N. Lapoujade nos ha dejado, en *Filosofía de la imaginación,* un detallado estudio del desarrollo del tema desde la perspectiva filosófica.

situación que ocurre en escena, emocionarse con una condición dramática *como si* lo narrado en lenguaje cinematográfico no fuesen luces y sombras proyectadas sobre una pantalla blanca sino *como si* estuviesen ocurriendo en la realidad y en el tiempo del observador. Es la misma actividad que utiliza el lector de una obra literaria cuando entiende que la ficción que está leyendo es una suerte de simulacro o fingimiento de la realidad, donde se usan "oraciones que sabemos falsas o carentes de referencia y, por tanto, de valor de verdad, como si se refirieran, o como si fueran verdaderas" (Margain, cit. por Rosa Krauze, 2003, p. 73). Justamente esto es lo que distingue a los entes ficticios de las alucinaciones o de los sueños: que los primeros son creados consciente y voluntariamente por el artista, aunque de manera incompleta (ninguna descripción literaria es exhaustiva) -y por su co-creador, el lector, que completa al personaje y la situación dada en su propio psiquismo. Queda determinar, sin embargo, que proporción de elementos inconscientes entran en su constitución, independientemente de que el creador y los co-creadores tengan advertencia o no de dicha participación de los estratos más profundos de sus respectivos psiquismos.

También resulta bastante evidente que, desde la perspectiva económica, dichos entes permiten la expresión de cantidades variables de diversas emociones y sentimientos, dependiendo de la trama narrativa y de la sensibilidad del lector u observador. Desde Aristóteles sabemos del efecto catártico que tiene sobre el público asistir a la representación teatral de un drama, catarsis que podemos entender, entre otras cosas, desde nuestro conocimiento del proceso de identificación, por una parte; y, por la otra, de la repercusión que dicho drama despierta en los estratos más productos de nuestro inconsciente.

Finalmente, los entes ficticios, sean literarios, de las artes plásticas o musicales, nos transmiten una serie de conocimientos sobre la naturaleza humana muchas veces soslayados, negados o simplemente no intuidos por las ciencias formales. Cuando un personaje ficticio actúa de cierta manera, el hecho de que ese ente no exista en la realidad no impide que nos hable de aspectos profundamente humanos. Cuando *el caballero de la triste figura* medita sobre las frustraciones que le invaden al no conseguir que el mundo sea justo, bueno y amable como él desearía, el hecho de que ese personaje de Cervantes nunca haya existido en la vida real no impide que sus aventuras y desventuras toquen las fibras más profundas de nuestro ser. En este sentido, los entes ficticios son seres que nos hablan -siempre- de nosotros mismos, de nuestras pasiones, de los deseos que albergamos, del amor y del odio del ser humano como tragedia y como esperanza; en fin, nos hablan de las acciones de *Eros* y de *Tánatos* en las profundidades de nuestro mundo interno.

Resumen

Los entes ficticios son aquellas creaturas forjadas por la imaginación humana en diversas obras de arte, mitos, religiones o leyendas. Son entes que escapan al Principio de la realidad (son productos del principio del placer del creador individual o de colectividades) aunque habitualmente conviven con seres de la realidad. Para su existencia, es indispensable que el sujeto ponga en suspenso su capacidad de juicio crítico. Los entes ficticios son intemporales, no están sujetos al tiempo como ocurre en el inconsciente. Pertenecen al mundo de la ensoñación, de la fantasía consciente e inconsciente. Finalmente, son entes que pueden ayudarnos a comprender la naturaleza humana y que pueden revelarnos aspectos profundamente reprimidos de nosotros mismos.

Palabras clave: Ficción. Psicoanálisis aplicado

Summary

Fictional entities are those creatures wrought by human imagination in different works of art, myths, religions or legends. They are entities that are beyond the Principle of reality (are products of the individual creator or collectivities Pleasure principle) although usually coexist with beings of the reality. For its existence, it is essential that the subject put on hold their critical judgment ability. Those entities fictitious are timeless, not are subject to the time as occurs in the unconscious. They belong to the world of day-dreams, of conscious and unconscious fantasy. Finally, they are bodies that can tell us to understand human nature and which can reveal deeply repressed aspects of ourselves.

Key words: Fiction. Applied Psychoanalysis.

Referencias bibliográficas

BOTTON, F. (1983). *Los juegos fantásticos.* México: U.N.A.M.

CAMACHO, J.; VIVES, J. y SOLÍS, H. (1977). El proceso creativo en Gabriel García Márquez. *Cuadernos de Psicoanálisis* (México), X (3-4): 38-60.

FRAZER, J.G. (1922). *La rama dorada.* Trad. de Elizabeth y Tadeo I. Campuzano, México: Fondo de Cultura Económica, 4ª reimpr., 1969.
KANNER, L. (1962). *Psiquiatría infantil.* Trad. de Juan Carlos First, Buenos Aires, Paidós, 3ª ed., 3ª reimpr., 1966.
KRAUZE de KOLTENIUK, R. (2003). *Los seres imaginarios: ficción y verdad en la literatura.* México: Univ. de la Ciudad de México.
LAPOUJADE, M.N. (1988). *Filosofía de la imaginación.* México: Siglo Veintiuno.
PAGE, M. e INGPEN, R. (1985). *Enciclopedia de las cosas que nunca existieron.* Trad. de José Manuel Ibeas, Madrid: Ed. Anaya, 15ª ed., 2002.
REYES, A. (1952). *La experiencia literaria.* Buenos Aires: Losada, 2ª ed., 1961.
SARTRE, J.P. (1936). *La imaginación.* Trad. de Carmen Dragonetti, Buenos Aires: Ed. Sudamericana, 3ª ed., 1973.
TODOROV, T. (1968). *Introducción a la literatura fantástica.* Trad. de Silvia Dilpy, México: Premiá Ed., 3ª ed., 1987.

El lenguaje olvidado[1] -Simulación corporalizada,[2] neuronas espejo y comunicación emocional en psicoanálisis-

Félix Velasco Alva[3]

"El análisis cura mediante el habla, pero estas palabras sólo dicen la mitad de la historia."
Paul Geltner (p.1)

Introducción

En 1960 Erick Fromm publicó un libro con este encabezado *El lenguaje olvidado* y se refería al lenguaje simbólico en los sueños y en los mitos como formas de comunicación y de trasmisión transgeneracional en los seres humanos. Desde entonces han habido avances notables en el campo del psicoanálisis, la antropología social y las neurociencias, casi una revolución en el particular campo de las emociones y de la comunicación emocional, que están no sólo actualizando muchos de los conceptos tradicionales de estas disciplinas, sino también están permitiendo que se inicie el establecimiento de puentes y coincidencias entre las neurociencias, el psicoanálisis y las ciencias sociales.

El presente trabajo se ha derivado de un taller sobre las emociones, en el que he participado con un grupo de antropólogas sociales e historiadoras. En este taller que está estudiando las emociones en los pacientes internados de la Antigua Castañeda, el tema de la comunicación emocional en los documentos escritos, tanto de pacientes como de psiquiatras me ha

1 Trabajo presentado en el LIII Congreso Nacional de Psicoanálisis "Realidades y Ficciones", 7 de diciembre de 2013 en Querétaro, México.

2 Gallese utiliza el término "*incarnata*" y en inglés "*embodied*" para hacer referencia a la simulación como un proceso posibilitado en la biología del cerebro no adquirido. En el trabajo se utilizará "corporalizada". Gallese, V. (2007) Mirror neurons and the under pinning relations. *Journal of the American Psychoanalytic Association,* vol.55,No,1 p. 131-176.

3 Psicoanalista didáctico y vitalicio de la Asociación Psicoanalítica Mexicana. Maestro en Terapia Familiar y de Pareja del Instituto de la Familia (IFAC).

servido como un incentivo para profundizar en el tema de la comunicación inconsciente,que llamó la atención de Freud y sobre lo que escribió en algunos de sus ensayos (Freud,1895,1922).

Otro origen del mismo tiene que ver con mi práctica clínica en el tratamiento de las parejas y en la que el tema de la comunicación, tanto verbal como no verbal y sobre todo la emocional, surge continuamente, no sólo entre los miembros de la pareja creando conflictos o malos entendidos, sino también con el analista o terapeuta que los trata, en una doble vía, desde lo que comunican entre sí los miembros de la pareja y hacia el terapeuta, pero también del terapeuta hacia la pareja. Como se podrá advertir, estamos hablando nada menos que de la empatía, la identificación proyectiva, la transferencia y la contratransferencia, temas todos ellos centrales en el psicoanálisis y que a la luz de los nuevos hallazgos de las neurociencias, están siendo revalorados y si se quiere decir metafóricamente, empiezan a revelar un poco más de lo que existe detrás del espejo, aludiendo a la recomendación freudiana del analista neutral que sólo refleja (Freud, 1912).

El otro gran tema que voy a tratar y que le dio nombre al LIII congreso de la APM, es el de la ficción o simulación que son dos términos similares que cobran ahora más vigencia y que son centrales en el nuevo modelo hipotético que se está construyendo para explicar no sólo los mecanismos neurofisiológicos y cognitivos, sino también los inconscientes acerca de la comunicación emocional y que nos explicarían tanto la empatía como la identificación proyectiva, mecanismos centrales en los procesos identificatorios que se dan en la transferencia y la contratransferencia. En este trabajo sólo hablaré de la empatía y de la identificación proyectiva y en uno siguiente me referiré a la transferencia y la contratransferencia.

Sobre las emociones[4]

Es de llamar la atención la diversidad de usos que se le ha dado a la palabra emoción y términos similares, desde la filosofía, la literatura, las ciencias sociales, por supuesto la psiquiatría, el psicoanálisis y las neurociencias, pero también ha servido como encabezado atractivo de libros de autoayuda que en realidad no hablan del tema, hasta títulos de telenovelas y nombres sugestivos de perfumes y prendas íntimas de mujer. Lo anterior contrasta

4 En el presente trabajo se utilizará la palabra emoción de forma principal y puede ser considerado como sinónimo de afecto o sentimiento.

con el descuido que hemos tenido los que nos dedicamos a la salud mental para clarificar el término. Ya Green (1965) y más recientemente Hernández (2005), Moscone (2012) y otros más: Damasio (2012), Belli (2009) y López[5] (2011) nos han hablado del problema semántico del término y de las distorsiones con las distintas traducciones.

Una primera dificultad que enfrentamos es entonces el uso impreciso por parte de los psiquiatras, psicoanalistas y estudiosos del tema de las palabras, emoción, pasión, sentimiento, afecto o estado de ánimo. Para fines de este trabajo utilizaré el término emoción que se puede considerar como sinónimo de afecto y sentimiento. Aunque Freud utilizó a lo largo de su obra de manera indistinta la palabra emoción o afecto, no le dedicó al tema un lugar específico, pero si introdujo los términos de pulsión, instinto, y sentimientos inconscientes, que están ligados a la noción de energía pulsional en la expresión de cantidad de afecto, de acuerdo a la tópica económica (Freud,1915).

Es fundamental reconocer que Freud fue el primero en señalar que las emociones se pueden mover o desplazar desde eventos traumáticos de la niñez hasta los conflictos actuales. De acuerdo a su modelo teórico, una determinada carga afectiva de un evento, generalmente traumático de la niñez, se puede colocar en una persona actual (Freud, 1905).

La comunicación emocional

Este descuido en clarificar los términos, también lo observamos con el concepto de comunicación, que se ha considerado como algo superficial, perteneciente a los medios televisivos y a las disciplinas cognitivas o sistémicas, a pesar de que Freud la menciona con mucha frecuencia en su obra y de que si nos detenemos a pensar, es nada menos que el vehículo fundamental de las relaciones humanas y de cualquier proceso terapéutico. Comunicarnos es algo esencial y definitorio de la especie humana, platicamos,informamos, discutimos, persuadimos y ahora *chateamos*

5 López,O. (2011) En su libro titulado *La Pérdida del paraíso, el lugar de las emociones en la sociedad mexicana entre los siglos XIX y XX* al preguntarse si es necesaria una definición de emoción, toca ampliamente los problemas conceptuales del término y además de hacer una análisis semántico, señala que nos enfrentamos a un objeto de estudio con distintos significados y problemas lingüísticos, debido a que no es clara su definición. Concluye que más que una definición de la emoción, es más relevante referirse a los procesos emocionales y a la función social de estos procesos en la interacción social y simbólica. López,.O.(2011) *La pérdida del paraíso*. México: UNAM, pp. 1-20.

y *texteamos* en plena era de la comunicación a distancia y buena parte de nuestra existencia y nuestro desarrollo cultural tiene que ver con la comunicación. En ese sentido Watzlawick y cols.(1997) comentan en su libro clásico sobre el tema, que la comunicación es una condición *sine qua non* de la vida humana y el orden social (p.17)[6].

La mayoría de las definiciones que existen se refieren a la trasmisión de información, ideas, emociones por medio de símbolos, palabras, escritos, cuadros, figuras etc. entre dos o más sujetos (González, 1997; Günther, 2000). La llamada comunicación cognitiva proporciona información mediante símbolos acerca de lo que piensa el que habla y es recibida por un receptor que escucha y que maneja el mismo idioma o que conoce el código para descifrar el mensaje, como ocurre con la clave morse o con el lenguaje de los sordomudos. Pero la comunicación emocional trasmite información acerca del estado emocional del emisor a través de la dimensión no simbólica del discurso: tono de voz, el ritmo, la prosodia y los silencios en el lenguaje oral, pero también a través de expresiones faciales, de la mirada, posturas, gestos y ruidos o expresiones corporales desde sonidos con la boca, tosidos, chasquidos hasta ruidos peristálticos o sonidos al respirar, de igual manera a través de los órganos de los sentidos como el tacto. La Barre (2001) examina en un libro los significados de las conductas no verbales y de la movilidad entre los pacientes y el psicoanalista en relación a la contratransferencia y aunque con algunas diferencias geográficas, casi se puede considerar como un lenguaje universal que entiende cualquier ciudadano del mundo.

Una parte importante de esta comunicación se da de manera automática y también nos informa acerca de las intenciones, deseos o impulsos del emisor (Siegel, 1995); por lo que es central en la supervivencia y también para lo que Gallese y cols. (2011, p.1), llaman "identificación social", junto con la empatía y el sentimiento de comunidad. Sin embargo, otro objetivo de este tipo de comunicación es provocar o inducir emociones en el receptor. Para Coderch (2007), este aspecto de la reacción o modificación en el receptor es fundamental pues produce cambios ya sea en el comportamiento o incrementando su información. Yo agregaría la idea de un intercambio de emociones, particularmente en los procesos terapéuticos, donde el psicoanalista o psicoterapeuta se vuelve no sólo un extraordinario lector de emociones, ya que a través del entendimiento de la inducción emocional inicial del paciente, el analista tiene acceso a las dimensiones de las

6 Gergen,K.(1996), construccionista social, afirma que comunicar le da significado al sujeto.Gergen,K. (1996) España: Paidós (p. 321).

experiencias de este paciente, que le es imposible comunicar directamente por medio del lenguaje (Geltner, 2013). Un simple saludo, una intervención verbal o una interpretación de parte del analista lleva colateralmente una gran carga de emociones que se expresan por medio de los gestos de la cara, del tono de voz, y de los silencios, formándose con el tiempo una especie de código no hablado que descifra o interpreta estas señales en ambos lados.

Para Borsteiny Lichtemberg (2001), el fenómeno que se ha calificado como *comunicación inconsciente* se puede explicar cómo *comunicación emocional* que en su opinión se entiende como los medios por los cuales el psicoanalista "sabe" lo que hay en la mente del paciente aunque éste pueda no saberlo y no decirlo. "Leer la mente" es una metáfora que tiene muchos significados: si lo vemos desde una óptica mágica, oculta y a veces siniestra, nos remite a muchos fenómenos incomprensibles, dentro y fuera del campo analítico; las premoniciones, "las latidas" son algunos nombres utilizados para referirnos a estos fenómenos, pero también en psicoanálisis hablamos de trasmisión del pensamiento, comunicación inconsciente o la misma telepatía que motivaron la atención y la producción de trabajos por el mismo Freud (1921,1922,1932). El doctor Marco A. Dupont (2012), querido colega fallecido recientemente, escribió un último libro sobre la telepatía donde habla precisamente de una comunicación primaria para entender los fenómenos telepáticos o a distancia, a partir del modelo empático de la relación madre-bebé, "comunicación que se va olvidando conforme el individuo madura" (p. 47).

En el proceso analítico "leer la mente" tiene que ver con lo que se ha definido como mentalizar que Bateman y Fonagy y cols. (2012), describen como "percibir o interpretar" imaginativamente el comportamiento propio y de los otros. En otras palabras, es un proceso mediante el cual los seres humanos llegan a ser capaces de captar que tienen estados mentales, es decir emociones, deseos, fantasías etc. y que los otros también los tienen y que ellos se relacionan con estos otros y con el mundo a través de estos estados mentales. Pero regresando a nuestro tema, la empatía y la identificación proyectiva, tradicionalmente han sido considerados como dos mecanismos conectados con la "lectura de la mente", con la "trasmisión del pensamiento" y con la inducción de emociones en el otro. La literatura psicoanalítica sobre el tema es abundante y específicamente sobre diferentes facetas de estos dos mecanismos. Podemos decir que a raíz del descubrimiento de las neuronas espejo por Rizzolatti y cols. (2006) y por Gallese y cols. (2006) cobran un nuevo significado.

El hallazgo original a principios de los 90s fue el descubrir que los circuitos neuronales activados en una persona, que realiza acciones o expresa emociones o bien tiene sensaciones, se activan también automáticamente mediante un sistemas de neuronas situadas en el cortex, en las áreas pre motoras y parietales en el observador de dichas acciones, emociones o sensaciones; a estas neuronas se les denominó "espejo" (Gallese y cols. 2006). Como cuando vemos a alguien patear una pelota o reírse intensamente y se activan los mismos circuitos neuronales en este observador, pero también se activan cuando imaginamos a alguien patear una pelota o a alguien que ríe o incluso ante la pronunciación de la palabra pelota o "risa". Este hallazgo de activación compartida sugiere un mecanismo funcional, llamado *simulación encarnada* o *simulación corporalizada* (*Embodied simulation*) y que consiste en la simulación automática e inconsciente y sin inferencias en el observador de las acciones, emociones o sensaciones llevadas a cabo y vividas por el observado (Gallese y cols. 2009). Estos autores enfatizan que hay que distinguir entre lo que sería "simulación estándar", donde un sujeto se coloca voluntariamente en la condición del otro e intenta ver las cosas desde su perspectiva, imaginando los mismo estados mentales, y la simulación corporalizada en la que no hay una inferencia o introspección, sino simplemente una reproducción automática, prereflexiva y no constante de los estados mentales del otro (p. 536).

Para ellos, este patrón compartido de activación neuronal y la simulación corporalizada que lo acompaña, constituye una base biológica fundamental para comprender la mente del otro y para explicarnos la empatía; pero también estas neuronas se activan cuando un individuo empieza un movimiento encaminado a lograr un objetivo, como si adivinara la intención o existiera una predicción de la acción como sucede cuando un jugador de tenis profesional, planea e inicia movimientos complejos para devolver un servicio rápido antes de ser consciente de que la pelota está en camino, pues a diferencia de un jugador inexperto, no tiene que pensar conscientemente en cada movimiento muscular (Carter 2009, p. 118). Este sistema neuronal explicaría la comunicación de inconsciente a inconsciente, donde tanto paciente como analista pueden estar recogiendo y respondiendo a pistas sutiles por parte del otro y la percepción de estas pistas puede activar patrones neuronales compartidos en ambos. Es importante recordar que las neuronas espejo no sólo reproducen un acto motor, sino que codifican la intención del acto, con lo cual, llevan la comunicación a su máxima plenitud (Coderch, 2007, p. 49).

Con esta misma hipótesis se entendería el mecanismo de la identificación proyectiva, donde las expresiones emocionales del paciente, desencadenan en el analista una simulación automática y en consecuencia la experiencia de al menos una pequeña dosis de una emoción similar a la vivida por el paciente (Gallese y cols. 2006, p.13). En palabras de estos autores:

> Mediante la activación de los sistemas neuronales subyacentes a lo que sentimos tanto nosotros como los demás se logra, como si dijéramos,una forma directa de comprender a los otros desde el interior –una sintonización Intencional-. De forma paralela a la descripción sensorial distanciada, en tercera persona de los estímulos sociales observados,se evocan en el observado las "representaciones" internas no lingüísticas de los estados corporales asociados con acciones, emociones, y sensaciones. Como si él o ella estuvieran realizando una acción similar o experimentando una emoción o sensación similares (p.41).

Volpi (2011) explica en su libro *Leer la mente* el tema de las neuronas espejo y la simulación y le llama *ficción*, considerando a esta como una máquina de emociones, que para él además de cumplir una importante función en la supervivencia, pues permite predecir las reacciones del otro ante situaciones hipotéticas, nos obliga además a representarlas, repetirlas y construirlas (p.25), como sucede cuando vemos una película o leemos un cuento o una novela y donde nos sentimos identificados con los personajes. O sea que se generan representaciones internas de los estados corporales del otro como "mapas" como "si yo los estuviera sintiendo o realizando".

Esta posibilidad de ensayar previamente diferentes situaciones en la mente con la imitación en el transcurso del desarrollo, como un paso previo para la introyección como lo señala Grinberg (1985) nos conecta con el mundo de las representaciones o experiencias inconscientes, y es este mundo interno donde se van contrastando muchas de nuestras nuevas experiencias. De forma similar opina Coderch cuando se pregunta si este mecanismo de la simulación corporizada, no podría ser una explicación neurobiológica de lo que se denominan "objetos internos", idea que puede ser sostenida por una serie de innumerables redes neuronales relativamente inalterables y permanentes, construidas sobre estas simulaciones incorporadas a partir de la observación de las figuras que rodean al sujeto en su infancia y agrega que si esta hipótesis es cierta, los objetos internos no son una pura fantasía sin materialidad, sino que son la expresión de la actividad de determinados circuitos neuronales que simulan redes neuronales análogas a las de la persona en interacción con la cual se construyó el cerebro de cada individuo (Coderch, 2009, p.50).

Algunas conclusiones

De todo lo anterior se deprenden varias conclusiones: Si bien es cierto que tradicionalmente las emociones y términos similares han sido la materia prima de la psiquiatría y del psicoanálisis, no ha sido hasta recientemente, gracias a los hallazgos de las neurociencias y de las ciencias sociales, que el tema ha recobrado su importancia y se están logrando grandes avances en su conocimiento, pero también debido al diálogo que se ha logrado entre diferentes disciplinas.

Podemos decir que a diferencia de las décadas pasadas donde el aislamiento, la descalificación y la distancia entre las neurociencias y el psicoanálisis impidieron el desarrollo de modelos que explicaran el funcionamiento de muchos fenómenos mentales, hoy estamos ante una nueva etapa, donde la colaboración y la interdisciplina, están permitiendo avances significativos. Uno de estos avances, es el estudio de la comunicación inconsciente o emocional, que gracias al descubrimiento de las neuronas espejo y del concepto de simulación corporalizada, está permitiendo que se conozcan a mayor profundidad los procesos neuronales que explican la empatía y la identificación proyectiva. Entender al otro (a) resonar afectivamente, simular, identificarnos, inducir emociones, o predecir los movimientos o las intenciones del otro, están en el centro de las explicaciones sobre estos dos mecanismos.

En resumen, leer la mente del otro, conocer su estado emocional, es no sólo un mecanismo fundamental en la evolución del ser humano, sino que como psicoanalistas lo hacemos constantemente de manera imperceptible en nuestra práctica diaria. Una interpretación, por ejemplo es una hipótesis que intenta conocer una parte de lo que le ocurre emocionalmente al paciente.

La simulación corporalizada, es precisamente un concepto que no sólo integra las hipótesis neurofisiológicas y psicodinámicas, sino que también nos explica una parte de la evolución de la especie y del desarrollo psicobiológico del ser humano. Este "lenguaje olvidado" de la comunicación emocional, que se ha estado dejando de lado, debido entre otras cosas a la comunicación tecnológica, debe ser rescatado pues es precisamente en el encuentro analítico,donde más ocurre y es el centro de la lectura de la transferencia y la contratransferencia.

Es de llamar la atención que en la mayoría de los reportes clínicos tanto de supervisión o para graduarse o bien en la junta clínica, no se le dé importancia al lenguaje no verbal, un reporte clínico que sólo informa del discurso verbal, es como dice Geltner" sólo la mitad de la historia". Ojalá tengamos presente que el registro y la lectura de este lenguaje continúan siendo fundamentales para el conocimiento, no sólo de lo que le ocurre al paciente sino también al psicoanalista. Finalmente quiero decir que no debemos dar la espalda al estudio de las neurociencias; lo que ahora se ha denominado neuropsicoanálisis ha conjuntado a investigadores y clínicos en el estudio de muchos fenómenos de la mente que en décadas anteriores, fueron revisadas de forma aislada y polarizada y favorecieron la vieja y tradicional dicotomía mente/cuerpo.

Resumen

El presente trabajo señala la importancia de las emociones en el campo del psicoanálisis y la relevancia que está tomando su estudio al ser ahora analizadas por diversas disciplinas.Se examina en particular, el hallazgo, desde el campo de las neurociencias de las neuronas espejo y su importancia en la explicación de la comunicación inconsciente, donde la empatía y la identificación proyectiva han sido centrales para explicar la dinámica de su funcionamiento. Para muchos autores "leer la mente" del otro y en especial conocer su estado emocional, es una función fundamental no sólo en la evolución de la especie, sino también en el desarrollo del niño y en la práctica clínica de los psicoanalistas. En el trabajo se examinan también, la llamada *simulación encarnada* o *corporalizada*, como modelos que integran las explicaciones clásicas de muchos fenómenos identificatorios con los nuevos descubrimientos de la neurobiología. El trabajo concluye, señalando la importancia de revalorar el tema de las emociones y del "lenguaje olvidado" o comunicación emocional para el psicoanálisis así como la necesidad de integrar los nuevos estudios de las neurociencias y de las disciplinas cognitivas para buscar explicaciones más amplias a muchos fenómenos psicológicos.

Palabras clave: Comunicación emocional, neuronas espejo, simulación corporalizada

Summary

The present work states the importance of emotions in the field of psychoanalysis and the relevance of their study being analyzed nowadays by a diversity of disciplines. It is examined, in particular, this finding from the field of neurosciences´ perspective of the "mirror neurones" and their importance in explaining unconscious communication, where empathy and projective identification have been toral to explain the dynamics of their functioning. To many authors, "reading another´s mind" and especially knowing their emotions, is a fundamental function not only in the evolution of the species, but also in child´s development and for the clinical practice of psychoanalysts. It is also examined, what is called "embodied simulation" ---or body-like----, and the fiction, as models that integrate the classic explanations for several phenomena that identify with new discoveries in neurobiology. The work concludes pointing out the importance or re-valueing the topic of emotions and the one from the "forgotten language" or emotional communication for psychoanalysis, as well as the need to integrate new studies from neoroscience and from congnitive disciplines in order to seek for broader explanations to many psychological phenomena.

Key words: Emotional communication, mind reading, embodied simulation

Referencias bibliográficas

BATEMAN, A. & FONAGY, P. (2012) Introducction and overview. *Handbook of mentalizing in mental healt practice.* U.S.A.: American Psychatric Publishing Inc, pp.3-43.

BELLI, S. (2009) La construcción de una emoción y su relación con el lenhguaje: revisión y discusión de un área importante de las ciencias sociales. *Teoría.* 18 (2) 15-42. En: http//www.redal y c.org/articulo.oa?id=2991700603

BORSTEIN,M. Y LICHTEMBERG.J. (2001) Caminos de la comunicación emocional. Pathways of emotional communication: publicado originalmente en *Psychoanalytic inquiry*, 21. (1): 40-70.

CARTER, R. (2009) Movimiento y control. *El cerebro humano.* México: Altea, pp. 108-123.

CODERCH, J. (2007) Comunicación y diálogo en el proceso psicoanalítico. *Clínica e investigación relacional,* 1 (1) junio: 63-77.

CODERCH, J. (2009) Neurociencias y modelo relacional. *Clínica e investigación relacional*,3(Febrero):39-53 En[http:wwwpsicoterapia relacional.es/CeIREVISTAonline/junio2007/CEIR_V/N1_2007_41_ Coderech/tabid/262/DDe fault.espx]

DAMASIO, A. (2012) Emociones y sentimientos. *El cerebro creo al hombre*. Barcelona: Ediciones Destino, pp.173-204.

DUPONT, M.A. (2012) *Aventuras psicoanalíticas. Telepatía.* Argentina: Lumen.

FREUD, S. (1895) Proyecto de psicología. tomo I. *Obras completas*. Buenos Aires. Amorrortu, p. 415.

FREUD, S. (1905 [1901]) Fragmentos del análisis de un caso de histeria, pp.1-108.

FREUD, S. (1912) Consejos al médico sobre el tratamiento psicoanalítico. Tomo XII, pp.106-119.

FREUD, S. (1915) Sentimientos inconscientes. Tomo XIV, pp.173-182.

FREUD, S. (1941[1921]) Psicoanálisis y telepatía, TOMO XVIII, pp.165-184.

FREUD, S (1922) Sueño y telepatía. Tomo XVIII, pp. 185-212.

FREUD, S. (1932) Sueño y ocultismo, Tomo XXII, pp.29-52.

FROMM, E. (1960) *El lenguaje olvidado*. México: Paidós, 2012.

GALLESE, V; EAGLE, M. & MIGONE, P. (2006) Intentional attunement mirrow neurons and the neural underpinnings of interpersonal relations. *Journal of the American Psychoanalytic Association.* 55 (1): 131-176. En: http:/www.psicoterapiarelacional.es/Cel/revista Online/ volumen33Octubre2009/tabid64

GALLESE, V; EAGLE, M. & MIGONE, P. (2009) La simulación corporalizada, las neuronas espejo, las bases neurofisiológicas de la intersubjetividad y algunas implicaciones para el psicoanálisis. *Clínica e investigación relacional.* V.3. oct, pp.525-556.

En:[http://www.psicoterapiarelacional.es/Cel/revistaOnline/ volumen330ctubre2009/tabid/645/default.aspx]

GALLESE, V. (2011) Neuronas espejo, simulación corporalizada y las bases neurales de la identificación social. *Clínica e investigación relacional* Vol.5 (1) pp. 34-59 En:

[http://www.psicoterapiarelacional.es/CelrrevistaOnline/ volumne51Febrero2011/tabid761/default.aspx]

GELTNER, P. (2013) Introduction.*Emotional Comunication.* USA: Routledge. pp.1-21.

GREEN, A. (1975) El afecto en la obra de Freud. *La concepción psicoanalítica de los afectos*. España: Siglo XXI, pp. 14-18.

GRINBERG, L. (1985) Concepto de identificación. *Teoría de la identificación.* Madrid: Tecnopublicaciones, pp. 7-21.

GÜNTHER, R. (2000) *El lenguaje corporal*. España: Bolsillo Ed. AF

HERNANDEZ, L. (2005) Lenguaje y emociones, un tema marginal de la lingüística. México: UniversidadAutónoma Metropolitana Unidad Iztapalapa *Revista Iztapalapa* 53, 83-100 (2002) Internet: http://tesiuami.uam.mx/revistasuam/alteridades/search.php?op=search&query=laura+hernandez&revop=todas&limit=all

LA BARRE, F. (2009) On moving and being moved. *Nonverbal behavior in clinical practice.* U.S.A: The Analytic Press.

MARODA, R. (2010) Introduction. *Psychodynamic techniques working with emotions in the therapeutic relationship.*USA: The Guilford Press, pp. 1-5.

MOSCONE, R. (2912) Las emociones. *Cuadernos de psicoanálisis,* XLIII (1 y 2):7-50.

LOPEZ. O. (2011) *La pérdida del paraíso.* México: UNAM

RIZZOLATTI, G. Y SINIGAGLIA, C. (2006) Compartir las emociones. *Las neuronas espejo*. España: Paidós. Transiciones, pp.167-184.

SIEGEL.D. (1995) Emotion. *The developing mind.* Cap 4. New York: Guilford Press, pp.121-159.

VOLPI, J. (2011) prologo. *Leer la mente, el cerebro y el arte de la ficción,* México: Alfaguara, pp.13-32.

WATZLAWICK, P. BEARIN, J, JACKSON, D (1997) Introducción. *Teoría de la comunicación humana.* España: Herder, pp.17-20.

Ficción y comunicación emocional en la relación madre-hijo/a: la sintonía afectiva[1]

Teresa Lartigue[2]

La expresión o el lenguaje de las emociones tiene importancia para el bien de la humanidad: tratar de descubrir en lo posible la fuente o el origen de las expresiones varias que a cada momento se suceden en el rostro de los hombres que nos rodean es un estudio de gran interés (Darwin, 1872, VI: 74).

Introducción

Charles Darwin en su libro *La expresión de las emociones en el hombre y en los animales* (1872) explica el origen o desarrollo de los principales actos expresivos en el hombre y en algunos animales con base en tres principios; el primero hace mención respecto de que: "Los movimientos útiles al cumplimiento de un deseo o al alivio de una sensación penosa, acaban, si se repiten con frecuencia por tornarse tan habituales, que se reproducen siempre que aparece este deseo, o esta sensación, aún en débil grado y aunque su utilidad sea nula o muy discutible" (VI:51-52). El segundo es el de la antítesis: "un uso constante, por espacio de toda nuestra vida, ha afirmado en nosotros la costumbre de ejecutar voluntariamente movimientos opuestos bajo la influencia de impulsos también opuestos" (VI: 52). El "tercer principio es el de la acción directa sobre la economía de las excitaciones del sistema nervioso, acción por completo independiente de la voluntad y aun en gran parte independiente de la costumbre" (*ibid*).

Señala también que cuando las emociones y sensaciones, por ejemplo ligadas a la furia y a la acción de pegar "son experimentadas en débil grado

1 Trabajo presentado en el LIII Congreso Nacional de Psicoanálisis "Realidades y Ficciones", el 7 de diciembre de 2013 en Querétaro, México.

2 Psicoanalista didáctica y vitalicia de la Asociación Psicoanalítica Mexicana con especialidad en niños y adolescentes, Coordinadora asociada de los Diplomados Internacionales en Parentalidad y en Psicoterapias Bebé-Padres. IPA *Research Fellows.*

y no provocan ningún acto exterior, nuestra economía entera no es por esto menos conmovida por la fuerza de la costumbre y de la asociación" (VI:53). Asimismo menciona que "las diversas razas humanas expresan sus emociones y sus sensaciones con notable uniformidad en toda la superficie del globo" (II: 60). La primera emoción que analiza Darwin (Tomo III) es la del **sufrimiento** de cuerpo y de espíritu, que se expresan principalmente en las y los niños a través del llanto, sollozo, gritos violentos y prolongados, o gemidos; sin embargo, "ningún sufrimiento supera al que resulta del **temor** o del horror llevados a su último límite, puesto que una emoción especial y distinta entra en juego" (III:9). Le siguen al sufrimiento las emociones de: **abatimiento, ansiedad, pena, desaliento** y **desesperación**.

En el Tomo IV (Parte I) explica las emociones opuestas como la **alegría** intensa, que se acompaña de la risa o de la sonrisa, de la satisfacción o diversión (brillo en la mirada), del buen humor, esto es emociones alegres (cejas, párpados, ventanas de la nariz y ángulos de la boca levantados al contrario de lo que ocurre en las emociones **deprimentes**, p.23 o **melancólicas** que menciona más adelante), así como el **amor** y los **sentimientos tiernos**, cuya expresión resulta difícil de analizar: "parecen compuestos de afecto, de gozo y especialmente de simpatía. Son en sí mismos de naturaleza agradable, si se exceptúa la **piedad,** cuando se sale de ciertos límites" (p.27-28 y provocan efusión de lágrimas). En la parte II (de ese mismo tomo) aborda otras emociones como la **reflexión** (fruncimiento de cejas?), **distracción** (expresión vacía de la mirada, absorto en sus pensamientos) o bien, meditación abstraída. Respecto del **mal humor** (irritarse y mostrarse desagradable) señala que se expresa mediante el fruncimiento de las cejas, los labios apretados, al igual que el **enojo** o la **obstinación.** Por otra parte "la oclusión enérgica de la boca, tiende a dar a la fisonomía, una expresión de determinación o de **decisión"** (IV: 50). La **indignación** y la **cólera** (se diferencian del furor en el grado y no hay distinción marcada entre las señales que los caracterizan p.61) se dejan ver claramente frente a un ser **odiado** (otra emoción el **odio)**, pero si el ofensor es "un ser ínfimo, lo que se siente es **desdén** o desprecio... pero si el ofensor es muy poderoso, el odio se transforma en **terror**"[1] (55-56). En relación al **furor,** se manifiesta también de las más diversas maneras (rostro púrpura o por el contrario pálido); en la misma línea, la **burla** y el aire de **desafío** (acto de descubrir el diente canino de un lado) se diferencian muy poco de las anteriores, en virtud de que sujeto puede no estar encolerizado[3].

En el Tomo V, hace énfasis en que la **altanería** y el **desdén** no se diferencian del **desprecio** sino por la irritación mayor que revelan y tampoco del sentimiento estudiado bajo el nombre de **burla y aire de desafío** (expresiones de sonrisa sarcástica); sin embargo, el **disgusto** es una impresión mejor definida, existiendo escasa diferencia entre el disgusto y el **desprecio** (p.7). Otras emociones son: **culpabilidad,** picardía, **orgullo**; **resignación**, debilidad e **impotencia**; **paciencia**; **obstinación**; **señales** de encogimiento de hombros, de **afirmación** y de **negación,** así como **celos, envidia, avaricia, rencor, sospecha, perfidia, astucia, culpabilidad, vanidad, ambición, orgullo, humildad** (p.15). Por otra parte, Darwin también describe las emociones como la **sorpresa, admiración, temor y horror.**

Señala también (Tomo VI) que el **rubor** "es la más especial y la más humana de todas las expresiones" (VI:7) y que la mujer por lo general se ruboriza más que el hombre, y que incluso "se pueden heredar ciertas particularidades de la manera de ruborizarse" (p.9), la cual se puede acompañar de cierta confusión en las facultades intelectuales. Los estados del espíritu que producen el rubor son la **timidez**, **modestia** (humildad), la **vergüenza** y el **pudor** cuyo elemento esencial es la atención fija a sí mismo; la causa principal el amor propio y la preocupación por la opinión de otro respecto de nuestro exterior físico (p.25). En este mismo tomo vuelve a hablar de culpabilidad.

De las emociones descritas por Darwin, Freud abordó de manera particular la relativa al "sufrimiento del espíritu" que era y sigue siendo uno de los motivos que llevan a las personas a buscar un tratamiento psicoanalítico (ver sus historiales clínicos). Asimismo, en *Totem y tabú* escribió sobre el "horror" al incesto (1913), al igual que de las "emociones deprimentes y/o melancólicas" en *Duelo y melancolía* (Freud, 1917), de la "ansiedad" a la que dedicó varios trabajos, el principal el de *Inhibición, síntoma y angustia* (Freud, 1926), ni que decir del amor, o los sentimientos tiernos, los celos, la envidia, el rencor, los sentimientos de culpabilidad, etc.

3 "La mayor parte de nuestras emociones se encuentran tan estrechamente ligadas a su expresión que no pueden existir mientras nuestra organización permanece inerte y pasiva, puesto que la naturaleza de la expresión depende ante todo, precisamente de los actos que hemos habitualmente cumplidos bajo la influencia de tal o cual estado particular de espíritu" (Tomo IV: 56).

Por su parte Simon Baron-Cohen en la misma línea, encontró que una de las características del espectro autista es la dificultad para el reconocimiento facial de las emociones, así como el retraso en el desarrollo del comportamiento social y de leer la mente, por lo que diseñó en 1997 con Wheelwright y Hill el Test de Empatía Primaria basado en el supuesto de que una de las habilidades de la inteligencia emocional, es la de percibir lo que una persona siente o piensa a través de leer los ojos (Baron Cohen *et al.*, 2001). Esta prueba también conocida como Test para la Lectura de los Ojos, muestra 36 expresiones de los ojos, donde el sujeto tiene que identificar la **emoción** predominante entre cuatro adjetivos o palabras que se muestran en el exterior del recuadro de los ojos. Por ejemplo en la lámina 1) juguetón, confort, irritación y aburrimiento; 2) terror, tristeza, arrogancia y molestia. 3) bromista, turbación, deseo y convencimiento; 4) broma, insistente, divertido y relajado; 5) irritación, sarcasmo, preocupación y amistad 6) horror, fantasía, impaciencia y alerta, 7) apología, distracción, inquietud y desánimo y así sucesivamente; test que sería ideal para capacitar a los futuros padres en la identificación de las señales y emociones que expresan sus bebés cuando no han desarrollado el lenguaje.

Cabe recordar que la comunicación de la emoción es el medio primario a través del cual, las experiencias vinculares van modelando en el desarrollo, la mente del bebé; la emoción sirve como un proceso organizador e integrador que vincula los mundos interno e interpersonal de la mente (Siegel, citado por Bilbao, 2013: 4). Los principales componentes de la emoción –término general- son las reacciones fisiológicas, expresiones, acciones, pensamientos y sentimientos (Allen, *ibid*). Bilbao señala que es posible que estén presentes todos ellos al mismo tiempo y que sintamos la expresión fisiológica, así como nuestras tendencias y respuestas conductuales incluyendo la retroalimentación sensorial de nuestras expresiones faciales. Sin embargo, es posible también experimentar emociones sin tener el sentimiento de las mismas, Velasco (2014) menciona que la empatía y la identificación proyectiva, han sido considerados como dos mecanismos conectados con la 'lectura y comprensión de la mente', con la 'trasmisión del pensamiento' y con la inducción de emociones en los otros, así como con la comunicación de inconsciente a inconsciente. Mecanismos que encuentran una explicación desde el descubrimiento en 1996 del equipo de investigación integrado por Gallese, Rizzolatti, Fadiga y Fogassi en la Universidad de Parma, Italia (Gallese *et al.*, 1996; Rizzolatti *et al.*. 1996) del sistema de las neuronas espejo, que es un patrón compartido de activación neuronal y la simulación corporalizada que lo acompaña. "Entender al otro(a), resonar afectivamente, simular, identificarnos, inducir emociones, o predecir los movimientos o las intenciones del otro, están en el centro de las explicaciones sobre estos dos mecanismos". Por mi parte, voy a profundizar en otro mecanismo conceptualizado por Daniel Stern en 1985 como sintonía afectiva *(attunement),* o sintonía emocional validante por otros autores.

Sintonía afectiva

El proceso de compartir estados afectivos es el rasgo distintivo del **relacionamiento intersubjetivo** madre-bebé, que se conoce también como inter-afectividad, reflejo especular y responsividad empática parental. Stern se pregunta, cuáles son los actos y procesos que permiten a otras personas saber que estoy sintiendo algo muy parecido a lo que sienten ellas? ¿Cómo puedo meterme en la experiencia subjetiva de otras personas y hacerles saber que he llegado allí sin emplear palabras? (Stern, 1985: 167).

Entre los nueve y quince meses de edad la o el bebé da un salto cuántico que le abre la puerta a la intersubjetividad; una primera hipótesis es que este logro es producto de una aptitud social adquirida, es el enfoque denominado construccionista; una segunda hipótesis la concibe como una capacidad humana innata emergente. Una tercera es que es el resultado del ingreso de la madre en intercambios significativos que se inician con el nacimiento del bebé; ella interpreta todas las conductas del bebe en términos de significados (atribución de significados). Provee el elemento semántico, al principio por sí misma y continúa introduciendo la conducta del infante en el marco que ella tiene de significados creados. Poco a poco a medida que el infante adquiere la capacidad para hacerlo, el marco significativo pasa a ser una creación conjunta. Este enfoque basado en la experiencia social podría denominarse "enfoque de los significados interpersonales" (p.168).

En esta misma línea, autores como Levobici, Soulé, Kreisler afirman que los significados de la madre reflejan no sólo lo que ella observa sino también sus fantasías sobre lo que el bebé es y llegará a ser, por lo que la intersubjetividad involucra la interfantasía. Esta acción recíproca de la fantasía es una forma de significado interpersonal creado en el nivel encubierto o latente. La creación de tales significados ha sido denominada interacción fantasmática por estos autores. Selma Fraiberg y Daniel Stern por su parte también han prestado atención a relación entre la fantasía materna y la conducta abierta del infante.

Desde la perspectiva de la investigación sobre la infancia Stern se pregunta, qué es lo que refuerza tanto la intersubjetividad? Ya que no existe ninguna duda de que su poder reforzador está relacionado con la satisfacción de las necesidades de seguridad y/o con el logro de metas del vínculo afectivo. "Según una concepción paralela, lo que se desarrolla es una necesidad dominante de pertenencia psíquica-a-un-grupo humano como miembro, con experiencias subjetivas, potencialmente compartibles, en contraste con el no-miembro cuyas experiencias subjetivas son totalmente únicas, idiosincrásicas y no compartibles... Los polos opuestos de esta dimensión única de la experiencia psíquica definen diferentes estados psicóticos. En un extremo está el sentido de aislamiento psíquico cósmico, la alienación, la soledad y en el otro está el sentimiento de total transparencia psíquica, en el cual no puede conservarse la privacidad del menor recoveco de experiencia potencialmente compartible. El infante descubre esta experiencia psíquica en algún punto intermedio entre los polos extremos. Importante tomar en cuenta que sociedades diferentes pueden minimizar o maximizar esta necesidad de intersubjetividad (p.170-171) y al interior de las familias, los padres también marcan sus preferencias.

Señala el autor que "para que haya un intercambio intersubjetivo acerca de los afectos, la imitación estricta por sí sola no basta. Tienen que producirse varios procesos 1. La madre o el progenitor tiene que poder leer el estado afectivo del infante en su conducta abierta. 2. La madre debe poner en ejecución alguna conducta que no sea una imitación estricta pero que sin embargo corresponda de algún modo a la conducta abierta del bebé. 3. El infante debe poder leer esa respuesta parental correspondiente como teniendo que ver con su propia experiencia emocional original y no como mera imitación. Sólo en presencia de estas tres condiciones los estados emocionales de una persona pueden ser conocibles por otra y podrán sentir ambas, sin usar el lenguaje, que se ha producido la transacción (p.174).

Señala Stern (1985) que cuando el infante tiene más de nueve meses, la madre empieza agregar una nueva dimensión a su conducta de tipo imitativo, lo que denominó con gran acierto como sintonía afectiva (o entonamiento de los afectos). La inserción de sintonía por parte de la madre, es tan común y tan sutil, que pasa inadvertida a menos que se le busque propositivamente. La sintonía afectiva consiste en la ejecución de conductas que expresan el carácter del sentimiento de un estado afectivo compartido, sin imitar la expresión conductual exacta del estado interior, y es la responsable en gran parte de la impresión que se tiene del carácter o de la calidad del vínculo materno-infantil.

Se han empleado otros términos como: reflejar en espejo, hacer eco, apareamiento de afectos, contagio afectivo, reflejar el estado interior, que no son equivalentes, ya que la sintonía es una forma distinta de transacción afectiva. Respecto de la pregunta de si la sintonía está lo suficientemente cerca de lo que se conoce como empatía, Stern señala que no, ya que en **primer** término, la sintonía se produce en gran medida fuera de la advertencia consciente y de manera casi automática. En **segundo** lugar, la empatía involucra la mediación de aspectos cognitivos y comprende por lo menos, los cuatro procesos siguientes.

- "La resonancia del estado emocional.
- La abstracción del conocimiento empático a partir de la experiencia de la resonancia emocional.
- La integración del conocimiento empático, abstraído en una respuesta empática.
- Una transitoria identificación del rol" (Stern, 1985, p. 181).

En **tercer** lugar, la sintonía afectiva comparte con la empatía, el proceso inicial de resonancia emocional, pero hace algo diferente con ella: automáticamente la convierte en otra forma de expresión; por lo que no necesita encaminarse a un conocimiento o respuesta empáticos (Stern, 1985).

Existen tres rasgos generales (o cualidades primarias o dimensiones) de una conducta que pueden dar lugar, según Stern al apareamiento y que conforman las bases de la sintonía afectiva.

-Intensidad; que comprende a la intensidad absoluta, esto es, el nivel de intensidad de la conducta de la madre es el mismo de la conducta del infante, sea cual fuere el modo o esa forma de conducta y al Perfil de la intensidad, que se observa a través de los cambios de intensidad en el tiempo, aceleración y desaceleración.

-Pauta temporal; que involucra a la pulsación, donde el objeto de apareamiento es una pulsación regular en el tiempo, p. ej. meneo de la cabeza de la madre y el gesto del infante conforman el mismo latido; al ritmo (el objeto de apareamiento es una pauta de pulsaciones de énfasis desigual); asimismo a la duración donde se observa si las conductas del infante y de la madre duran más o menos el mismo tiempo.

-Pauta espacial; los objetos de apareamiento son algunos rasgos espaciales de una conducta, susceptibles de vertirse y abstraerse y vertirse en un acto distinto (p. ej. movimientos hacia arriba y abajo). "Estas tres dimensiones se dividen en seis tipos más específicos de objetos del apareamiento:

Intensidad absoluta ... el perfil de intensidad... la pulsación... el ritmo... la duración... pauta especial" (Stern, 1985, pp.181-182).

El mecanismo subyacente para que la sintonía pueda operar es la unidad de sentidos, que quiere decir que el mundo tal como es visto, es el mismo mundo tal como se le oye o se le siente; la cenestesia fue el primer fenómeno que permitió observar dicha unidad de los sentidos. Cabría destacar que un cuarto rasgo o cualidad para conformar la sintonía afectiva, podría ser el sistema de las neuronas espejo, de las cuales Stern no pudo dar cuenta en virtud de que se descubrió dicho sistema una década después de la publicación de su libro sobre el *Mundo interpersonal del Infante*. Stern, posteriormente señala que hay que estudiar cómo y cuándo el sistema de las neuronas espejo se micro y macro regula (2008). En este mismo artículo destaca también la necesidad de articular lo no verbal (implícito) con lo verbal (explícito).

Por otra parte, Stern (1985) ha demostrado que el infante tiene la capacidad para **advertir las discrepancias de la madre**, una vez que ha logrado lo que llama "entonamientos de comunión". La exactitud del apareamiento es algo que el infante espera en ciertas circunstancias, y su violación le resulta significativa.

Resulta evidente que la comunión interpersonal, tal como la crea la sintonía afectiva tiene un papel crucial para que el infante sea capaz o no, de compartir estados emocionales internos. La sintonía tiene que ver con las dos formas de experimentar los afectos, tanto los discretos como los de la vitalidad si bien la mayor parte tiene lugar con estos últimos. La vitalidad se adecúa idealmente como objeto de sintonía porque está compuesta de las cualidades amodales de la intensidad y el tiempo, y porque se le encuentra prácticamente en toda conducta. El poder compartir ininterrumpidamente estados interiores brinda la experiencia del contacto emocional, de estar en sintonía con otro. Stern (1985) considera que la sintonía afectiva es precursora de la expresión artística, ya que al fundir las conductas por medio de la metáfora y la analogía no verbales, la hace un paso esencial para el empleo de símbolos y con ello, del lenguaje (el último libro que escribió Stern, 2010 trata precisamente de las formas de la vitalidad, las artes, la psicoterapia y el desarrollo).

Destaca también que en el nivel relacional intersubjetivo, la **autenticidad** de la conducta materna destaca como una cuestión de gran magnitud en virtud de las asimetrías naturales de la relación madre/infante, en el conocimiento, aptitudes, etc. La madre, durante la mayor parte del tiempo, sigue diversos programas simultáneamente, mientras que el niño sólo puede disfrutar y participar de uno de ellos. Esta situación involucra una cierta mezcla de conductas sinceras e insinceras que se pueden evaluar con mayor claridad cuando la madre le prohíbe algo al infante, ya que en ese momento se vuelven aparentes dichas conductas. Stern (1985) encontró que la madre puede, por un lado, enviar la prohibición "auténtica" a través de uno o más canales; y por el otro puede usar otros canales para modificar, contradecir o apoyar el mensaje prohibitivo, o para hacer llegar un mensaje "auténtico" competidor. Cabe recordar que el valor más preciso de una señal está determinado por la secuencia completa. Menciono a continuación las diversas maneras según Stern en que se puede perturbar la sintonía afectiva que resultan de gran utilidad en la clínica de la díada madre-bebé (pp. 248-267, ver también Lartigue, 1994).

1. Entonamientos inauténticos; la sintonía afectiva depende de dos dimensiones: de la autenticidad y de la bondad del apareamiento. Los entonamientos inauténticos se manifiestan como fracasos no sistemáticos de la comunicación, no siguen una pauta consistente. La diferencia entre los desentonamientos intencionales y la inautenticidad es que los primeros constituyen una distorsión sistemática de relacionamiento subjetivo, mientras que la segunda deja al infante sin brújula para operar en el campo interpersonal.

2. Entonamiento selectivo; es uno de los modos más eficaces que tiene la madre o los progenitores para dar forma al desarrollo de la vida subjetiva e interpersonal de un niño, y también uno de los principales vehículos de la influencia de las fantasías de los padres sobre su descendencia. Mediante el empleo selectivo del entonamiento, la respuesta intersubjetiva de los padres actúa como patrón para dar forma y crear experiencias intrapsíquicas correspondientes en el niño. De este modo, los deseos, miedos, prohibiciones y fantasías de los padres determinan las experiencias psíquicas del infante; comprendiendo casi todas las formas de la experiencia, e incluyendo las preferencias por personas, y los grados o tipos de estados afectivos en el mundo interno.

Los padres eligen, a veces sin advertirlo conscientemente, aquello con lo que habrán de sintonizar posteriormente, lo cual forma parte del establecimiento de un patrón intergeneracional mediante las transacciones cotidianas corrientes. En términos generales, el entonamiento parental con estados de entusiasmo siempre es bueno, pero cuando es relativamente selectivo, el infante percibe con precisión no sólo que esos estados tienen un estatus especial para la madre, sino que, además, ese puede ser uno de los modos de lograr la unión intersubjetiva. En estos casos el infante corre el peligro de que el centro de gravedad pase de adentro hacia afuera, hacia un falso *self*, donde el primer paso es la exclusión de ciertas experiencias del ámbito de la coparticipación afectiva. Para Stern (1985) esta es la causa genética de donde parte la formación de un falso *self*, del fenómeno de no-Yo o de la relegación y expulsión

El empleo de entonamientos selectivos continúa durante la infancia y sirve a propósitos que van cambiando con la evolución. Este proceso ha sido discutido en términos de reflejo especular, ya que con éste entran en juego la capacidad de respuesta y la regulación apropiada (nuclear), el entonamiento (intersubjetivo) y la conformación del refuerzo y la validación consensual (verbal). Al pasar del dominio relacional nuclear al subjetivo, podemos ver que el desarrollo sigue en forma continuada, aunque mediante líneas separadas e independientes que van conformando estados internos también separados. Al principio, la madre actúa primordialmente a través de su presencia física, y más adelante su acción va estando más determinada por su presencia mental, pero ambas formas lo hacen concertadamente en el tiempo para ir creando pautas características que pueden perdurar por toda la vida.

3. Desentonamiento; también mediante los desentonamientos, los deseos, las fantasías y las conductas de la madre actúan como modelo para dar forma y crear en el niño experiencias intrapsíquicas correspondientes. Los desentonamientos son perturbadores porque caen en algún punto entre un entonamiento comunicador (bien apareado) y un comentario materno (no apareado efectivamente). El entonamiento y desentonamiento se producen en la interfase entre la actitud o fantasía y la conducta, y su importancia reside en la capacidad que tienen para traducir las primeras a la segunda.

Los desentonamientos no son intentos de comunión, de una participación directa de la experiencia, sino intentos encubiertos de cambiar la conducta y las experiencias del infante; deben sentirse como si la madre se deslizara subjetivamente en el infante, apareciendo una ilusión de compartir, pero no en un sentido de coparticipación real. La madre parece penetrar en la experiencia del infante, pero termina en otra parte, a cierta distancia. A veces el niño se mueve en el sentido deseado por la madre, entonces el desentonamiento logra alterar la conducta y la experiencia del infante en la dirección deseada por la madre. Cabe destacar que los desentonamientos pueden utilizarse no sólo para modificar una experiencia del infante, sino también para robársela, de lo que resulta un "hurto emocional". La madre puede sintonizar con el estado afectivo del infante, estableciendo una experiencia compartida, y luego cambiar esa experiencia, de modo tal, que se pierda para el niño/a. La madre no se limita en esas experiencias a prohibir o enseñar, sino que se desliza en la experiencia del infante por medio del entonamiento y después le sustrae la experiencia afectiva; así, la coparticipación afectiva puede convertirse en una pérdida. Es probable que este sea el punto de origen de la larga línea evolutiva que más tarde genera en el niño de más edad la necesidad de mentiras, secretos y evasivas, para conservar intactas sus experiencias subjetivas.

4. Sobreentonamiento; forma de asedio psíquico habitualmente acompañada de asedio físico, en la que la madre está tan sobreidentificada con su hijo que parece querer deslizarse dentro de cada una de las experiencias del niño. Es el equivalente psíquico de la intrusividad física, y cuando el infante cede a éste, puede retrasar su avance hacia la independencia, aunque no obstaculiza la individuación.

5. No entonamiento; se refiere a la incompartibilidad de la experiencia subjetiva, que se puede presentar en madres deprimidas o psicóticas las que, por estar tan inmersas en sí mismas, no se encuentran con disponibilidad hacia el infante (Stern, 1985).

Cabe hacer notar que Emilce Dio Bleichmar (2005) al hablar de las capacidades de parentalización, ubica a la sintonía afectiva dentro de dos de los cinco sistemas motivacionales (Bleichmar, 1997, 1999a); el primero denominado: Regulación emocional (contención y entonamiento), donde se encuentran las "capacidades para reconocer, respetar y entonar estados emocionales displacenteros sin reprimirlos, sino conribuyendo a su equilibración" (p.449). El segundo es el del apego o vínculo afectivo (seguridad, confianza y placer del contacto), en particular, la "capacidad para el contacto intersubjetivo, para reconocer los sentimientos y estados mentales (presencia de sentimientos referidos al sí mismo, a otras personas o a los hijos en el discurso; los sentimientos no tienen que ser necesariamente positives, *ibid*).

Por su parte, Hugo Bleichmar (2003) al abordar el tema de la intimidad (entendida como el compartir estados mentales profundos, de estar en comunión, de experimentar momentos de plenitud sin palabras), destaca que la sintonía afectiva y el ritmo extienden el encuentro con otro, va más allá. Distingue cuatro modalidades de estar con: afectiva, cognoscitiva, instrumental y corporal y nos alerta sobre la triple dimensión del afecto:

como expresión de emociones, como inducción de la comunicación y como acomodación o imposición. En esta última el sujeto se impone a sí mismo, el afecto sentido por el otro con tal de sentirse fusionado con éste (ver también Bleichmar, 1999b).

Recientemente han surgido trabajos que unen los conceptos de la emoción y/o el afecto con la mentalización, concepto desarrollado principalmente por Peter Fonagy (Lanza Castelli, 2009, 2011), como es el caso de la afectividad mentalizada que es la cuarta polaridad funcional que sostiene y alimenta la mentalización. Las cuatro polaridades son, según Bilbao (2013): 1) mentalización implícita-automática *versus* explícita-controlada; 2) mentalización basada en lo interno *versus* en las características externas tanto del *self* como de los otros; 3) mentalización orientada hacia el *self versus* los otros y 4) mentalización cognitiva *versus* mentalización afectiva. Esta última implica "un buen equilibrio en la combinación de la comprensión de la emoción y el razonamiento de que creencia y deseo generan una genuina comprensión social" (o el sentir del sentir, Fonagy y Luyten citados por Bilbao, 2013:1). Mediante la utilización de esta capacidad, los seres humanos tratamos de interpretar los estados mentales –emociones, sentimientos, deseos, creencias, intenciones- propios y ajenos y gestionando nuestra subjetividad en intercambio con las subjetividades de otros.

A manera de conclusión cabe destacar que la sintonía afectiva es fundamental para la construcción de la intersubjetividad, que requiere ser estudiada a profundidad desde las contribuciones de las neurociencias, en particular desde el sistema de las neuronas espejo, así como desde el enfoque modular transformacional propuesto por H. Bleichmar y los aportes de los teóricos de la mentalización, principalmente en la línea de Peter Fonagy y colaboradores. Se requiere también continuar la vinculación del psicoanálisis con las neurociencias y otras disciplinas (Gallese, 2006). Sólo resta decir que las y los psicoanalistas tenemos un gran desafío –en el campo de la ayuda a la parentalidad- para que nuestros pacientes que se han dado la oportunidad de vivir una experiencia psicoanalítica empática, con sintonía afectiva puedan incrementar su disponibilidad emocional y propiciar a su vez, entonamientos de comunión con su pareja, hijos/as y otras personas significativas de su entorno familiar y social.

Resumen

Se revisan las contribuciones de Charles Darwin respecto de la expresión y reconocimiento facial de las emociones, así como las de Daniel Stern sobre la sintonía afectiva y su papel en la construcción de la intersubjetividad. Se explican las perturbaciones principales de la sintonía que se advierten en la clínica de la relación madre-infante como son los entonamientos inauténticos, los selectivos, desentonamientos, sobre-entonamiento y los no entonamientos. Se enfatiza la necesidad de estudiar a profundidad este constructo desde el sistema de las neuronas espejo, el modelo modular transformacional y la teoría de la mentalización.

Palabras clave: Expresión facial de las emociones, sintonía afectiva, Daniel Stern.

Summary

I review the contributions of Charles Darwin on expression and facial recognition of emotions, as well as those of Daniel Stern about emotional attunement and its role in the construction of intersubjectivity. Explains major perturbations of the attunement that can be seen in the clinic of the mother-child relationship such as the inauthentic attunement, the selective, disattunement, overattunement and lack of attunement. It emphasizes the need to study in depth this construct from the system of mirror neurons, transformational modular model and the theory of mentalization.

Key words: facial expression of emotions, emotional attunement, Daniel Stern

Referencias bibliográficas

BARON-COHEN, S., WHEELWRIGHT, S., HILL, J., RASTE, Y & PLUMB, I. (2001). The "reading the mind in the eyes" test revised version: A study with normal adults and adults with Asperger syndrome or high functioning autism. *J Child Psychol Psychiatry,* 42: 241-251.

BILBAO, I. (2013). Violencia marital e interferencias en el desarrollo de la afectividad mentalizada del niño. *Aperturas Psicoanalíticas,* 44, junio.

BLEICHMAR, H. (1997). *Avances en psicoterapia psicoanalítica. Hacia una técnica de intervenciones específicas.* Barcelona: Paidós.

BLEICHMAR, H. (1999a). Fundamentos y aplicaciones del enfoque modular transformacional. *Aperturas Psicoanalíticas,* 01, abril.

BLEICHMAR, H. (1999b). Del apego al deseo de intimidad: las angustias del desencuentro. *Aperturas Psicoanalíticas,* 02, julio.

BLEICHMAR, H. (2003). Attachment and intimacy in adults relations. En *Attachment theory and the psychoanalytic process*, M. Cortina & M. Marrone (eds), London: Whurr Publishers, pp. 382-406.

DARWIN, C. E. (1872). *La expresión de las emociones en el hombre y en los animales.* Buenos Aires: Sociedad de Ediciones Mundiales, 1967 (obra en tres volúmenes dividida en seis tomos).

DIO BLEICHMAR, E, (2005). *Manual de psicoterapia de la relación padres e hijos.* Barcelona: Paidós.

FREUD, S. (1913). Totem y tabú. En *Obras completas*, trad. J.L. Etcheverry, Buenos Aires, Amorrortu, 1976, Volumen XIII, pp. 1-164.

FREUD, S. (1917). Duelo y melancolía. En *Obras completas*, trad. J.L. Etcheverry, Buenos Aires, Amorrortu, Volumen XIV, pp. 235-256.

FREUD, S. (1926). Inhibición, síntoma y angustia. En *Obras completas*, trad. J.L. Etcheverry, Buenos Aires, Amorrortu, 1976, Volumen XX, pp. 71-164.

GALLESE, V. (2006). Mirror neurons and intentional attunement. Comentary on Olds. *JAPA* 54/1, recuperado en internet.

GALLESE, V. (2013). Mirror neurons, embodied simulation and a second person approach to mind reading. *Cortex* XXX (1-3), en http//dx.doi. org.10.1016.cortex 2013.009.008

GALLESE, V., FADIGA, L., FOGASSI, L. & RIZZOLATTI, G. (1996). Action recognition in the premotor cortex. *Brain* 119: 593-609.

LANZA CASTELLI, G. (2009). Mentalización y expresión de los afectos: un aporte a la propuesta de Peter Fonagy. *Aperturas Psicoanalíticas,*31 marzo.

LANZA CASTELLI, G. (2011). La mentalización, su arquitectura, funciones y aplicaciones prácticas. *Aperturas Psicoanalíticas,*39 diciembre

LARTIGUE, T. (1994). *Guía para la evaluación de la calidad del vínculo materno-infantil durante el primer año de vida.* México: Universidad Iberoamericana.

RIZZOLATTI, G., FADIGA, L., GALLES, V. & FOGASSI, L. (1996). Premotor cortex and the recognition of motor actions. *Cognitive Brain Research,* 3: 131-141

STERN, D. (1985). *El mundo interpersonal del infante.* Trad. J. Piatigorsky, Argentina: Paidós.

STERN, D. (2004). *The present moment*. New York: Norton

STERN, D. (2008). The clinical relevance on infant. A progress report. *Infant Mental Health Journal*, 29 (3): 177-188.

STERN, D. (2010). *Forms of vitality: Exploring dynamical experience in Psychology, the Arts, Psychotherapy and Development.* Oxford: University Press.

VELASCO, F. (2014). El lenguaje olvidado. Simulación corporizada, neuronas espejo y comunicación emocional en psicoanálisis, *Cuadernos de Psicoanálisis*, en este número.

Mentalización y regulación afectiva en el desarrollo I[1]

Delia G. de la Cerda Aldape[2]

Este es el primero de una serie de trabajos que serán presentados a la comunidad psicoanalítica con la finalidad de divulgar esta teoría-técnica que actualmente está popularizándose y acerca de la cual, aparentemente, se desconoce tanto su origen como su aplicación. En este primer trabajo se abordará el sustrato conceptual de la mentalización, así como el lugar que ocupa la regulación afectiva en el proceso de mentalizar; además se presentarán las características de la mentalización en su proceso de complejización en el desarrollo del individuo.

¿Qué es mentalización? Jerome Frank (1961) dice "prestar atención a los estados mentales en uno mismo y en los otros" (p.1); que dicho sea de paso considera como factor común, pero fundamental, a los distintos tratamientos terapéuticos.Mentalizar se refiere a estados mentales y a "percibir o interpretar imaginativamente el comportamiento conjuntamente con los estados mentales" (p.4). Los estados mentales son intencionales: son acerca de algo, se refieren a algo.Bogdan (2005) se refirió al carácter representacional de los estados mentales para diferenciarlos de la realidad externa.

Mentalización

Orígenes del Concepto

Los puntos de vista contemporáneos sobre la mentalización derivan del concepto inicial de Freud sobre energía ligada, o vínculo, y del concepto de elaboración psíquica. Según Laplanche y Pontalis (1973) tanto el pro-

1 Trabajo presentado en el LIII Congreso Nacional de Psicoanálisis: Realidades y Ficciones, Querétaro el 7 de Diciembre del 2013.

2 Psicoanalista Titular y Didáctica, con especialización en niños y adolescentes de la Asociación Psicoanalítica Mexicana.

ceso de vinculación como el de elaboración comparten dos procesos relacionados: primero, el de transformación de cantidad física en cualidad psíquica; y segundo, el establecimiento de vías asociativas (para las que la transformación es un pre-requisito). Ambos conceptos señalan el dominio de la cantidad de energía pulsional, por medio del trabajo intrapsíquico. Freud pensaba que tal liga y trabajo intra-psíquico limitaban el libre fluir de excitaciones creando simultáneamente formas estables de representaciones interconectadas. Usó la noción de proceso secundario para la vinculación de la energía libre con la consecuente emergencia del pensamiento y adaptación a la realidad externa (Freud, 1911). También puntualizó que este proceso de vinculación (ligazón) está en el corazón de la elaboración psíquica (transformación), que está libre en la histeria, en las neurosis actuales, y de una manera general en las neurosis y psicosis (Freud, 1914b).

Sin hacer uso del concepto de mentalización en sí, Bion (1962[a], b) describió un proceso similar, *la función alfa,* que consiste en una transformación, o metabolización de eventos internos intolerables vividos como cosas concretas en sí mismas (elementos *beta*) en experiencias 'pensables' tolerables (elementos *alfa*). La función *alfa* es primeramente responsabilidad de la madre, en la que el infante proyecta la actividad ligadora de la madre (*reverie*) y los elementos *beta* metabolizados. Bion, también, delineó niveles de elaboración mental presentes en un continuo de grados de abstracción creciente: elementos *beta*, elementos *alfa,* pensamiento del sueño o mitos, pre-concepciones, concepciones, conceptos, sistemas científicos deductivos y cálculo (Bion,1963); propiamente la teoría Bioniana de la función continente del pensar.

Allen, Fonagy y Bateman (2008) retoman, también, conceptos de Lecours y Bouchard (1997) que han sido incorporados al psicoanálisis y que se refieren al proceso que transforma experiencias pulsional-afectivas en fenómenos y estructuras mentales organizadas ya que "mentalizar implica transformar algo no mental en algo mental" (p.9); asimismo en las consideraciones de Winnicott acerca de que el rostro materno funciona como espejo.

Por lo que respecta a los orígenes de la mentalización en la teoría del apego, la capacidad para mentalizar se desarrolla en el contexto de las relaciones de apego seguras que brindan, no solamente confort y un sentimiento de seguridad, sino una base segura desde la cual es posible llevar a cabo la exploración (principalmente mental).

1. Facetas de la mentalización

1a). Mentalización Implícita *versus* Explícita: La mentalización implícita es automática, no reflexiva. Se expresa como intuición, que incluye sentimientos y juicios. La intuición basada en el aprendizaje implícito, que a su vez tiene como base la exposición repetida a patrones de estímulo asociados a recompensas, llevado a cabo sin conciencia ni conocimiento explícito de lo que se ha aprendido; es la base de nuestra habilidad para responder apropiadamente a la comunicación emocional no verbal. Mucha de esta conducta de respuesta ocurre fuera de la conciencia explícita. Implica un menor nivel de conciencia que la mentalización explícita.

La mentalización explícita, según Allen, Fonagy y Bateman (2008) explican, es consciente, deliberada y reflexiva y en psicoanálisis, y tiene que ver con mucho de lo que proponemos en psicoterapia: poner los sentimientos en palabras. Es simbólica, el lenguaje es el medio elegido para ello. Suele tomar la forma de narraciones.

Para estos autores la diferencia entre ambos tipos de mentalización corresponde a una diferenciación paralela en el reino de la memoria: la diferencia entre memoria declarativa (explícita) y procedimental (implícita), es decir, la diferencia entre saber "qué" y saber "cómo"; p. ej., la memoria explícita es la que necesitamos para responder la parte escrita de un examen, para la ejecución del examen para obtener la licencia de conducir y, la memoria implícita es la necesaria para conducir el auto.El mentalizar implícito es un "saber cómo" (de procedimiento), el mentalizar explícito es lo que puede ser declarado en forma simbólica.

1b). El Yo *vs* el otro: En el tratamiento se trata de estimular la mentalización dirigida hacia el *self* y también hacia el otro.Por lo que respecta al conocimiento de sí se puede obtener por dos vías: la objetiva que es similar a la que empleamos para el conocimiento del otro basado en observaciones e inferencias. Este conocimiento de sí es superficial y se debe intentar llegar a uno de mayor profundidad, un conocimiento que implique una elaboración mental. La vía subjetiva implica un conocimiento que ni está basado en la inferencia, ni consiste en una fácil introspección. Implica el ejercicio de la agencia personal bajo la forma de un duro trabajo mental: deliberando, considerando, reflexionando, debatiendo y decidiendo – con frecuencia en un terreno lleno de emociones – lo cual incluye lidiar con diversos conflictos.Por lo que mentalizar, es un proceso de auto-descubrimiento, a través de la auto-creación.

Por lo que se refiere a la mentalización dirigida hacia el otro, cabe señalar que la interpretación de su mente no es sencilla. Algo que obstaculiza o impide la comprensión es el egocentrismo, es decir, la tendencia implícita (automática no consciente) a suponer que el otro comparte nuestro punto de vista, conocimiento o actitud. Para mentalizar adecuadamente al otro, es necesario un esfuerzo por descentrarse de la propia perspectiva para aceptar la ajena.

1c). Marco temporal y ámbito de la mentalización: Es muy importante comprender los estados mentales pasados para poder anticipar las reacciones de los otros a determinadas actitudes propias y que sirva en el futuro dicha comprensión. Con los estados emocionales pasa algo parecido pues éstos y las historias que las enmarcan se estructuran en capas. De ahí que los hechos emocionalmente significativos posean una narrativa que abarca en profundidad la totalidad de la auto-biografía.

2. Procesos mentales implicados en la mentalización y fallas en la mentalización

Los procesos mentalizadores se encuentran sostenidos por una serie de habilidades cognitivas: percibir, reconocer, responder, reflejar, recordar, interpretar y explicar. La atención y la imaginación son dominios importantes en la actividad cognitiva para mentalizar. La atención es nuestra principal palanca y tiene implicación directa en algunas psicopatologías. La imaginación es central para mentalizar, aunque es necesario cimentar las imágenes en la realidad. Las fallas en la mentalización pueden presentarse de tres maneras: a) fracasar en la mentalización, b) mentalizar de un modo distorsionado y c) hacer un mal uso del mentalizar.

El fracaso se refiere, no solamente a la falla en prestar atención a los estados mentales sino, también, a la falta de disposición o de habilidad para comprometerse en la actividad imaginativa necesaria. La distorsión, por su parte, se ve con claridad en las distorsiones paranoides y en el pensamiento depresivo. El mal uso, está claramente presente en la psicopatía.

3. Relación con otros conceptos

Se pueden establecer analogías y diferencias entre: ceguera mental, lectura de la mente, teoría de la mente, metacognición, funcionamiento reflexivo, conciencia plena (*mindfulness*), empatía, inteligencia emocional, mentalidad psicológica plena y mentalización, ya que no son lo mismo, o no se pueden usar como sinónimos según el punto de vista de Allen, Fonagy y Bateman aquí expuesto.

"Mentalización" es un concepto supra-ordinado que incluye procesos de representación, simbolización y abstracción. La mentalización es definida como un proceso preconsciente, yóico, que transforma sensaciones somáticas básicas y patrones motores básicos en actividad ligada.Este proceso de mentalización se refiere a una función de vinculación pre-consciente/ yoica (el yo como centro de la transformación psíquica) que conecta excitaciones somáticas (corporales) con representaciones endopsíquicas, tales como: representación, simbolización (Segal, 1994), procesos mentales secundarios, función *alfa* (Bion, 1962a, 1962b), elaboración, pensamiento, *acting out,* etc, que frecuentemente se discuten por separado porque no se piensan relacionadas. Sin embargo, estos fenómenos pueden ser pensados como diversas formas de una clase genérica de actividad endopsíquica llamada "mentalización".

Los trabajos de Marty y Luquet, entre los años de 1968 y 1991 han contribuido enormemente a la teorización tanto de los aspectos cuantitativos como cualitativos de los vínculos (ligazón) que se desarrollan entre las excitaciones afecto-pulsionales y las representaciones mentales. Para ellos la mentalización efectiva resulta de y está reflejada por tres características formales del sistema preconsciente: a) el ´grosor´ una defensa mental protectora formada por las capas sucesivas de representaciones producidas durante el proceso de desarrollo psíquico normal, que previene la desorganización progresiva (Marty, 1968). Esta puede ser observada en casos de somatización severa que puede ser la resultante de un trauma no mentalizado; b) la ´fluidez´de los vínculos entre las representaciones para asegurar la libertad en el uso de las asociaciones y; c) la ´constancia´ en el que el funcionamiento asociativo debe mostrar permanencia y estabilidad. En los años 90´s Marty desarrolló una clasificación de diferentes niveles de organización mental basada en niveles de mentalización: a) neurosis conductuales, b) neurosis con pobre mentalización, c) neurosis con mentalización incierta, d) neurosis bien mentalizadas y e) neurosis mentales.

Al mismo tiempo, Luquet, entre los años 1981 y 1988 contribuyó con la descripción, definición y desarrollo del concepto de mentalización. Para este autor los niveles de mentalización están intrínsecamente asociados con la noción de "formas de pensamiento" cada una relacionada con el grado de maduración del aparato psíquico. El postula que, en el curso del desarrollo, cada una de estas formas de pensamiento, sucesivamente dominará el funcionamiento mental del individuo, cada uno dando paso al siguiente, una forma más madura y adaptativa a la realidad externa. Cada experiencia interna deberá ser transformada a la siguiente modalidad de mayor nivel de funcionamiento (del pensamiento) en orden de atender a ese nuevo nivel.

Define (1987) cuatro niveles de mentalización: a) mentalización primaria (el aspecto psíquico de la pulsión, representación cosa, símbolos básicos). Luego distingue dos tipos de procesos de pensamiento preconsciente: b) mentalización simbólica secundaria (mentalización meta-primaria, creación de símbolos secundarios); c) pensamiento intuitivo meta-consciente (pensamiento detrás del pensamiento verbal) y por último d) pensamiento verbal (actividad más completamente mentalizada, experiencia interna transformada de acuerdo a las leyes del discurso y la sintaxis; aquí los procesos secundarios reinan con toda autoridad). Este tipo de pensamiento es el menos cargado de afecto y el más alejado de los procesos corporales.

En un amplio sentido Mentalización se refiere a dos ideas centrales: en primer lugar es un proceso de transformación, es una actividad yoica preconsciente que transforma, mantiene y elabora experiencias somato-motoras básicas en contenidos psíquicos y en segundo, la mentalización se refiere a una jerarquía hipotética de niveles de elaboración psíquica que difieren cualitativamente.

Filósofos y desarrollistas han centrado su atención sobre la naturaleza y orígenes de nuestra capacidad para atribuir estados mentales a otros. Esta postura pertenece al punto de vista dominante del desarrollo cognitivo; sostiene que aún los niños muy pequeños atribuyen estados mentales intencionales: tales como metas, emociones, deseos y creencias, a otros como las causas de sus acciones.

Otros investigadores como los teóricos de la Simulación (Harris,1991,1992; Goldman, 1993) asumen que los seres humanos tenemos un acceso directo introspectivo a nuestros propios estados mentales, mientras que tenemos que inferir los de otros indirectamente imaginándonos en su lugar y entonces atribuimos al otro la experiencia mental simulada. Denett (1987) llamó a esta capacidad "postura intencional" (estrategia interpretativa mentalizada), es una adaptación evolutiva altamente exitosa para predecir la conducta de otros.

¿Cuándo toman los niños la "postura intencional" y comienzan a inferir estados de la mente en otros? Hasta la década de los 90´s la discusión teórica se centraba en deseos y creencias, pero debe quedar claro que las emociones también son un tipo de estados mentales intencionales que atribuimos a las mentes de otros para explicar y predecir su conducta. Las emociones comparten muchas de las propiedades representacionales y caracterizan a los estados mentales intencionales. La "intencionalidad" se refiere a un "acerca de" (Brentano, 1973; Denett y Haugeland, 1987); así una creencia es "acerca de... un estado posible o real en el mundo, mientras que un deseo es "acerca de... cosas, un estado de cosas futuras.

Entonces, desde la perspectiva de la "teoría de la mente" las preguntas centrales de la psicología del desarrollo emocional podrían ser las siguientes: a) ¿Cómo llegan a conocer los infantes el contenido disposicional de las emociones?, b) ¿Cómo identifican de qué estado emocional se trata?, c) ¿Cuándo empiezan a atribuir cualquier clase de información a otras mentes para apoyar su razonamiento acerca del comportamiento?Y d) ¿Cómo aprenden las condiciones bajo las cuales se justifica atribuir emociones a otros, o a sí mismos?

El *self* reflexivo - ese observador interno de la vida mental, el complemento dialéctico del *self* experiencial -, sabe que el *self* siente, percibe, reacciona. El *self* reflexivo se refleja sobre la experiencia mental, consciente e inconsciente. Registra la vida mental y construye representaciones de sentimientos y pensamientos, deseos y creencias.

La evolución de las capacidades psicosociales subyace a la observación interna de las actividades mentales, que es llamada "función auto-reflexiva"representa un paso esencial en el desarrollo emocional durante los primeros años de la vida. La evolución y toma de conciencia de los procesos mentales en el *self* y en otros, están intrínsecamente vinculados. Los desarrollistas han explorado los aspectos cognitivos de estos procesos del desarrollo por más de 20 años, principalmente bajo el encabezado de metacognición y teoría de la mente. Sin embargo, las implicaciones dinámicas de la maduración del entendimiento del niño acerca del mundo mental de los otros no han sido descifradas todavía.

El mundo en el que vivimos, únicamente puede tener sentido si invocamos constructos tales como deseos, creencias, resentimientos, valores, o propósitos para entender el mundo mental de otros así como el propio mundo mental. Esta es la función mental del observador interno. La mente es interpersonal, la interdependencia del auto-entendimiento y del entendimiento del otro es propuesta por los filósofos de la mente, en la tradición de Wittgenstein (1953, 1969) y Davidson (1972).

El desarrollo de la función reflexiva está, de esta manera, intrínsecamente vinculada a la evolución del entendimiento psicosocial. Es a través de la apreciación de las razones detrás de las acciones de su cuidador y parientes que el niño adquiere una representación de sus propias acciones como motivadas por estados mentales, deseos y aspiraciones. Entonces, ¿cuándo comienzan los niños a concebir la acción humana en términos de estados mentales, creencias y deseos? Es aparente que el entendimiento del mundo mental de intencionalidad es más complejo que entender el mundo de la causalidad física.

Los estudios actuales experimentales y observacionales en infantes humanos coinciden en confirmar la orientación social de los infante humano. Trevarthen (1977) demostró que desde los dos meses de edad el bebé es capaz de distinguir una voz que se dirige a él, de alguien que le habla a otro. A los siete meses, el bebé es totalmente sensible para percibir cuando otra persona dirige su mirada hacia él demostrando interés en compartir la experiencia con ese otro; monitorean las expresiones de la madre en situaciones de incertidumbre y su conducta estará apropiadamente por esas expresiones. A los nueve meses los bebés interactuarán más positivamente con un extraño, si previamente han visto a sus madres interactuar positivamente con él. Stern (1985) demostró que los niños de nueve meses son perfectamente capaces de diferenciar con precisión la incongruencia entre sus estados afectivos y los reflejados por las caras de otros. El bebé es capaz de hacer uso de la información derivada de estados mentales, mostrando así una rudimentaria capacidad para enfrentar el mundo de los sentimientos y las ideas. Sin embargo la respuesta apropiada y clara sensibilidad a los estados mentales del cuidador no implica la capacidad de reflexionar sobre esta conciencia. Es probable que el primer año de existencia social del bebé esté dominada por la reflexión física (opuesta a la mental).

Ya para el segundo año el bebé muestra su curiosidad por las causas del dolor, malestar, enojo o placer en él y en los que lo rodean. Su entendimiento permanece intuitivo, disponible como recurso para influir sobre otros miembros de la familia pero todavía no es conocimiento en el sentido de permitirle la reflexión. En el tercer año los niños son evidentemente capaces de entender que otras personas tienen sentimientos e intenciones diferentes a los de él. Comienzan a hablar sobre sus sentimientos y los de otros. En este momento se han establecido las bases para la preocupación y el cuidado de otros. Así la capacidad reflexiva es parte de una línea de desarrollo que comienza en el entonamiento afectivo de los primeros meses hasta la sensibilidad y respuesta empática a los estados de ánimo de los demás.La habilidad de tomar en cuenta el estado mental del otro en la planeación y estructuración de sus acciones está confiablemente adquirida a los tres años de edad. Un nivel más avanzado de función reflexiva incluye la habilidad de pensar acerca de los pensamientos de otros, acerca de los pensamientos de un tercero. Hasta donde se sabe esta capacidad no es totalmente adquirida hasta el sexto año de vida.

Regulación afectiva

En relación a los afectos y la regulación afectiva, existen dos tendencias: a) que los afectos están integrados a la cognición y b) que los afectos están inherentemente separados de, sino es que opuestos a, y fuera del control del pensamiento racional (tradición filosófica y psicológica, respectivamente) (Fonagy, Gergely, Jurist, y Target, 2002), tendencias que fueron usadas por Freud indistintamente.

Para los teóricos del apego y psicoanalistas el objeto de la regulación es más complejo que regular el afecto/emoción mismo; la regulación afectiva está vinculada a la auto-regulación. Con mayor precisión la regulación afectiva juega un papel importante en la explicación de cómo el niño pequeño se mueve de un estado de co-regulación a otro de auto-regulación (*op.cit*)Es necesario mencionar aquí, que afecto y regulación afectiva no son conceptos complementarios. La regulación afectiva incluye la capacidad de controlar y modular nuestras respuestas afectivas.

En la tradición filosófica occidental los afectos son minimizados, Descartes p.ej., aunque exaltó la razón escribió *Las Pasiones del Alma* y ahí enfatiza la importancia del rol del cuerpo en los afectos (James, 1997). Aristóteles pensaba en los afectos como creencias. Los filósofos Estóicos (Séneca, 4-65 D.C en González, 1878), contrarios a Aristóteles, desafiaban la noción de que los afectos pudieran ser modulados. Para ellos los afectos eran falsos juicios, los afectos nos ocurren, en lugar de que nosotros los elegimos.

La perspectiva psicológica siempre, por el contrario, ha tenido un gran interés en los fenómenos fuera de la razón. Pero por muchos años, durante el conductismo y la revolución cognoscitivista, los afectos difícilmente estuvieron en el centro de la investigación. Darwin en su época ya decía que las emociones se revelan a través de la expresión facial, Tomkins (1995) estudioso de la obra de Darwin, pensaba que los afectos son mecanismos biológicos primarios que conducen a la acción.

En el campo de las neurociencias el sub-campo de las "ciencias del afecto" ha logrado un lugar prominente por las investigaciones de LeDoux (1994a, 1994b, 1994c, 1995, 1996). De acuerdo con este autor existen dos sistemas de respuestas emocionales en el cerebro, y es más o menos semejante en todas las especies, p.ej. la emoción de temor; y el énfasis en la importancia de la amígdala como determinante en la significación emocional.

Para explicar la regulación afectiva y la auto-regulación, la teoría del apego es la indicada pues siempre ha estado comprometida en la exploración precisa del cómo las experiencias afectivas contribuyen en la adquisición de la auto-regulación en virtud de la co-regulación entre el infante y su cuidador.

Resumen

En el trabajo se describe a detalle el concepto de mentalización: su definición, conceptos con los que está relacionado, las diversas fases en que se desarrolla la capacidad para mentalizar, así como las consecuencias de las fallas en la mentalización. La regulación afectiva es vista como uno de los procesos básicos para la mentalización.

Palabras clave: mentalización, desarrollo de la mentalización, procesos mentales, regulación afectiva.

Summary

In this paper we describe in some detail the concep of mentalizing: its definition, related concepts, different fases of the development for mentalizing, as much as the consecuences in failling in this process. Affect regulation is seeing as one of the basic processess for mentalizing.

Key words: mentalization, development of mentalization, mental processess, afect regulation.

Referencias bibliográficas

ALLEN, J, FONAGY, P y BATEMAN, A (2008). *Mentalizing in Clinical Practice.* USA: Amer Psychiatr Publishing.

BION, W. (1962a). *Learning from Experience*. London: Heinemann.
BION, W. (1962b). The Psycho-analytic Study of Thinking, II: A theory of thinking. *Int J Psycho-Anal* 43:306-310.
BION, W. (1963). *Elements of Psycho-Analysis.* London: Heinemann.
BOGDAN, R.J. (2005). Why self- ascriptions are difficult and develop late. In *Other Minds: How Human Bridge the Divide between Self and Others.* BF Malle &SD Hodges (Eds.) New York: Guilford Press.
BRENTANO, F. [1874] (1973). *Psychology from an Empirical Standpoint.* London: Routledge.
DAVIDSON, R.J. (1992). Prolegomenon to the structure of emotion: Gleanings from neuropsychology. *Cognition and Emotion,* 6: 245-268.
DENETT, D. (1987).*The Intentional Stance.* Cambridge, Mass: MIT Press.
DENETT, D. y HAUGELAND, J.C. (1987).Intentionality. In *The Oxford companion to the Mind,* R.L. Gregory (Ed.), Oxford: Oxford Univ Press.
FONAGY, P., GERGELY, G., JURIST, E.& TARGET, M (2002). *Afect Regulation, Mentalization and the development of Self.* New York: Other Press.
FRANK, J.D. & FRANK, J. (1961).*Persuasion and healing: a comparative study of psychotherapy.*Baltimore: Johns Hopkins UniversityPress. 3rd ed.1991.
FREUD, S (1911).The two principles of mental functioning. *S.E.* Vol. 12
FREUD, S. (1914b). On Narcisism. *S.E.* Vol. 14
GOLDMAN, A. (1993a). The psychology of folk psychology. *Behav. Brain Sci.* 16:15-28.
GOLDMAN, A. (1993b). *Philosophical Applications of Cognitive Science.* Boulder, CO: Westview Press.
GONZALEZ, Z. (1878). *Historia de la Filosofía. El estoicismo.* Madrid: Ed Policarpo López.
HARRIS, P.L. (1991, 1992).From simulation to the folk psychology: The case for development. *Mind and Lenguage,* 7: 120-144.
JAMES, S. (1997). *Passion and Action: The Emotions in Seventeennth Century Phylosophy.* Oxford: Clarendon Press.
LAPLANCHE, J. & PONTALIS, J.B. (1973). *The Lenguage of Psychoanalysis.* New York: Norton. Reprinted London: Karnac, 1988.
LECOURS, S. y BOUCHARD, M.A. (1997) Dimensions of mentalization: out lining levels of psychic transformation. *Int J Psycho-anal,* 78:855-875

LeDOUX, J.E. (1994a).Cognitive-emotional interactions in the brain. In *The Nature of Emotion,* P, Ekman & R. Davidson (Eds.) Oxford: Oxford Univ Press.

LeDOUX, J.E. (1994b). The degree of emotional control depends on the kind of personal system involved. In *The Nature of Emotion,* P. Ekman & R. Davidson (Eds.), Oxford: Oxford UnivPress.

LeDOUX, J.E. (1994c). Emotion, memory and the brain. *Scientific American,* 270 (6): 50-57.

LeDOUX, J.E. (1995). Emotion: Clues from the Brain. *Annual Review of Psychology,* 46: 209-235.

LeDOUX, J.E. (1996). *The Emotional Brain. The Mysterious Underpinings of Emotional Life.*New York: Simon & Schuster.

LUQUET, P. (1968, 1988,1991). Langage, pansee et structure psychiquic. *Revue Francais de Psychoanalyse,* 52:267-302.

MARTY, P. (1968). A major process of somatization: A progressive disorganization. *Int. J of Psycho-Anal.,* 49: 246-249.

SEGAL, H. (1994). Phantasy and Reality. *Int. J Psycho-Anal.*, 75:395-401.

STERN, D.N. (1985). *The Interpersonal World of the Infant.* USA: Basic Books.

TOMKINS, S. (1995a).*Exploring Affect: The Selective Writings of Silvan Tomkins.* Cambridge, U.K.: Cambridge Univ Press.

TOMKINS, S. (1995b). *Shame and Its Sisters: A Silvan Tomkins Reader.* Durham, NC: Duke Univ Press

TREVARTHEN, C. (1977).Communication and cooperation in early infancy: A description of primary intersubjectivity. In *BeforeSpeech: The Beginning of Interpersonal Communication,* M.M. Bullowa, (Ed). New York: Cambridge Univ Press.

WITTGENSTEIN, L. (1953, 1969).*Philosophical Investigations.* Malden, MA: Blackwell.

Reseña de libros

Reseña del libro de Juan Vives Rocabert (2013). *La muerte y su pulsión. Una perspectiva freudiana.* **México: Paidós, 431 páginas.** Reseña: Ruth Axelrod Praes

Quiero comenzar agradeciendo al doctor Juan Vives esta especial oportunidad de comentar uno de los libros que mas he disfrutado leer: *La muerte y su pulsión.* ¡Que título tan intenso! pensé en un primer momento, además de que no es la clásica expresión por todos conocida como pulsión de muerte, sino *La muerte y su pulsión,* enigmático, como que la muerte y su pulsión, que querrá decir con eso de la muerte, como adjetivo, tiene pulsión? La curiosidad me permitió adentrarme en las palabras que tan audazmente Vives organiza y entreteje en un sin fin de historias y de conocimientos que me llevaron en una máquina del tiempo a finales del siglo XIX, a la época de la vida de Sigmund Freud y de todos aquellos hombres y mujeres contemporáneos que fueron invitados por el doctor Vives para intervenir en el presente escrito.

El día que Juan Vives me regaló este libro, había pasado varias horas en el hospital acompañando a una vieja amiga que se inauguraba como abuela, y observando a su nueva nieta, me pareció que somos mas propensos a estar en temas de muerte que en tema de vida. El mismo nombre del autor hace referencia a esta dualidad conceptual por la cual nos marca que la palabra Vives no es mas que el derivado de vivir, estar aquí, con un pulso de 120- 80 y con muchos deseos de continuidad y trascendencia. Tanto que Juan escribe 431 páginas con siete capítulos y 232 notas bibliográficas que denota al final.

Así, Juan nos regala un libro para ser leído....y les cuento que mientras lo recibía y comenzaba a asociar que sería prudente y valioso comentar, tuve un sin fin de recuerdos y vivencias; miré en los pasillos de la Asociación Psicoanalítica Mexicana a un alumno que leía, leía el libro de *La muerte y su pulsión.* Devoraba el libro con la mirada. Sus ojos saltaban de una palabra a otra sin arrojar ancla en puntos, comas o paréntesis. Observé que los alumnos que corrían esquivando carteles de la agrupación estudiantil o de futuras actividades intersocietarias, desde y para las ideas de Freud, corrían para llegar a la clase de Juan a tiempo. Ha sido maestro de todos, amigo, supervisor, presidente, director, héroe e ideal del yo de muchos de nosotros; las huellas están aquí.

Cuando leemos se despiertan de nuestro interior muchas ideas, secretos y recuerdos, aquellos procesos silenciosos que se activan en nuestros cerebros en el preciso momento en que un libro –novela o ensayo– nos hipnotiza y nos secuestra del mundo.

A diferencia del carácter instintivo del lenguaje, la lectura y la escritura requieren una instrucción formal. Y, pese a que ahora convivamos con estas capacidades tan naturalmente, no existen desde siempre: la lectura es una invención relativamente reciente en la historia de la humanidad. Apareció en diversos sitios del planeta en distintas épocas. En Mesopotamia en el 3000 a.C., en China en el 1200 a.C. y en Mesoamérica en el 500 a.C. Leer nos transforma por dentro. Y mucho. Pero esta habilidad y costumbre, además de fortalecer la imaginación y la concentración, trasciende el mero hecho de consumir símbolos. "La lectura nos permite hablar con los muertos", decía Francisco de Quevedo en el siglo XVI. Conecta personas a través de décadas y kilómetros, rompe las barreras del tiempo y el espacio: la lectura (y su hermana siamesa la escritura) nos permite transmitir pensamientos de generación a generación. Se puede legar toda una cultura porque ha quedado impresa mientras que los rasgos de la oralidad se pierden en el aire.

Así es que Vives se comunica con Freud, la lectura me permite y le avala hablar con los muertos. Y le dice: Entonces....pulsión, ... ¿una sola energía? Freud le contestó, solo al principio, creo que ahora me gusta postular una energía con dos fuerzas opuestas, la que pulsa por dar investiduras y la que en su oposición, pulsa para romperlas, llevando al sujeto a desintegrarse. Mi tercera teoría pulsional, morir por causas internas. La pulsión de muerte que se inscribe en la obra de autor en 1920.Vives le reajusta el término, hoy entendemos que no es la energía, sino su movimiento, su fluir, lo que hace andar la vida.

En el capítulo uno el doctor Vives trata el tema de la muerte desde el punto de vista médico, cultural, genético, su significación psicológica y psicoanalítica, también religiosa. Asimismo hace un reseña de como Freud aprendió a conocer y convivir con la muerte y los duelos correspondientes en su vida, Vives comenta sobre la psicodinamia freudiana desde el mismo Freud. La muerte de su hermano Julius a sus dos años de edad, el abandono de su niñera a los 32 meses de edad; es decir, casi tres años de vida, la muerte e su padre a sus 40 y la muerte de su madre a sus 73 años. Incluye la muy posible depresión *postpartum* de su madre Amalie que solo tenía 19 años más que el mismo Freud. Después de leer este capítulo yo pasé dos noches sin dormir, retomando todas estas experiencias y con la presencia y representación de muerte real como un imposible en el inconsciente. Mejor decidí continuar con el capítulo dos, suponiendo que me sacaría de mis más profundas angustias.

El capítulo dos trabaja el concepto de pulsión, la cual es descrita como la tensión endógena psíquica diferenciándola de instinto, descrita como la tensión endógena física. El instinto como concepto límite entre lo biológico y lo psíquico, que tiene una raíz innata. Las pulsiones, nos dice Vives, son fuerzas que aun en condiciones normales, son difícilmente dominadas por las actividades anímicas más elevadas. Incluyendo la agresión, la crueldad y la pulsión de apoderamiento, como parte de las pulsiones sexuales. Estas se diferenciaron de las pulsiones yóicas, en la primera teoría de los instintos. En la segunda llama libido a la energía pulsional, en *Introducción al narcisismo* pudiendo manifestarse como libido narcisista o como libido objetal, ambas provenientes de la pulsión sexual. En la tercera fase de la teoría de los instintos, en *Mas allá del principio del placer* (1920) marca que la naturaleza conservadora de la pulsión de regresar a lo inorgánico, definiendo que la meta de toda vida es la muerte. Una pulsión que labora silenciosa. Este dualismo define la separación como la pulsión de muerte y la unión como pulsión de vida. Se oyen de nuevo dos voces es un diálogo cercano.

-Oiga doctor Freud, ¿pero usted postuló el instinto sexual como único? ¿Y explicó que se basa en la descarga? Freud le contestó a Vives: postulo un dualismo pulsional. *Eros* es un instinto de vida y sexual compuesto y que podría descomponerse en instintos parciales. Todos presentando una fuente, empuje meta y objeto. Instintos parciales para establecer vínculos. ¿Me entendió usted? ¿Ha escuchado algo sobre *Eros*? Este capítulo termina diciendo que la teoría de los instintos es nuestra mitología.

El capítulo tres se lo dedica el doctor Vives al concepto de agresión, a sus derivados y transformaciones, para aterrizar en la noción del instinto de muerte. Las manifestaciones intrapsíquicas como la voracidad, la envidia y los celos, así como la depresión, la melancolía y el suicidio, el masoquismo, la enfermedad orgánica y hasta la psicosis, marcando como la energía se revierte contra el sujeto mismo, como parte de la dinámica del deseo. Asimismo, como las múltiples caras del odio hacia los otros que incluyen el sadismo, homicidio y la guerra. Todas estas derivadas de la pulsión de muerte.

En el capítulo cuatro, denominado el concepto de instinto de muerte en la obra de Freud, encontramos 17 referencias puntuales de donde se va desprendiendo el sendero del genio **Sigmund Sholomo Freud** para lograr la síntesis del concepto. Vives es capaz de llevarnos por los caminos del tiempo, recorriendo muchos de los pasajes históricos que le permitieron al maestro Freud escuchar a otros grandes pensadores que abarcaban ideas similares a la pulsión de muerte, tales como Ferenczi, Adler, Steckel, Jung, Spielrein, Nietzche, Schopenhauer, Schrecky, Einstein entre otros. Historias personales de Freud con Jung, de su propia vida sexual y de sus frustraciones como pensador privilegiado. Termina afirmando que el impulso de muerte es mudo en sus manifestaciones y opera silenciosamente. Una forma de energía no susceptible de organización, de ahí que no pueda hablarse fácilmente de un desarrollo del instinto de muere, de la agresión o de las fuerzas destructivas. Entonces, me pregunto, ¿si nacemos con esta energía, con esta pulsión, cuál será el desarrollo de la misma, será estática, o la misma cantidad de pulsión del nacimiento hasta la muerte?

El capítulo cinco habla sobre las manifestaciones clínicas de la pulsión de muerte, sobre la compulsión a la repetición y su relación con las adicciones, los problemas psicosomáticos y los microtraumas, la reacción terapéutica negativa, sadismo y masoquismo, el problema del dolor como un mecanismo ligado a la vida y a su conservación, de la melancolía y del suicidio, del sentimiento inconsciente de culpa y de la neurosis obsesiva, de la agresión y la destructividad, así como de la psicosis. Termina mencionando la respuesta que Freud le da a Einstein, sobre la agresión y la destructividad, así como el poder y el abuso del poder. Le dice: "La agresión que empieza siendo una de las formas de dirimir los conflictos entre los seres humanos, y cuyo fin último es dar muerte al oponente, subyugarlo y someterlo para que deje de representar algo peligroso, termina con la unión de los más débiles y la instauración del derecho. Cuando los miembros de un grupo humano reconocen esta comunidad de intereses aparecen entre ellos vínculos afectivos, sentimientos gregarios que constituyen el verdadero fundamento de su poderío". Considero que sin la lectura viviríamos en un mundo meramente inmediato, en un presente continuo como lo hace el resto de los animales. O peor: no tendríamos la capacidad de abstracción e imaginación que la escritura y la lectura incentivan.

El capítulo seis es la discusión, y Vives nos enlaza marcando que encontró más de 60 formas de como Freud se ha referido al mundo instintivo; nos explica que fue por cierta indeterminación y ambigüedad en relación con el desarrollo de la teoría instintiva que su variedad nos confunde. Es el camino del equilibrio inestable del psiquismo que convive con la pulsión de muerte que no pulsa. EL doctor Vives describe a la muerte como una intensa presencia bioquímica que requieren una gran cantidad de tiempo para culminar, se pregunta si se reduce a una programación genética? Asimismo, menciona la apoptosis como la programación genética celular para la muerte biológica, terminando este capítulo con la castración y la muerte como los temores más aterrorizantes de los humanos. Remarca la diferencia entre la compulsión a la repetición y la compulsión repetitiva, esta última como evento elaborativo de ligadura del trauma, ambos como dos eventos paradigmáticos reveladores de la pulsión de muerte.

El séptimo y último capítulo contiene las conclusiones, sugiere diferenciar la muerte de la pulsión de muerte el problema de la destructividad y de la agresión fría, de la parte necesaria y la innecesaria de la guerra. Y de la atracción del mal y hacia el mal. Del poder y la relación del superyó con estas fuerzas. Finalmente, en el pensar psicoanalítico siempre dialogamos con alguien... (Bolognini, 2004, *La empatía psicoanalítica*). Ha sido un honor atravesar por cada una de estas ideas, ¡gracias doctor Vives por un libro tan valioso!

Apéndice: La lectura inmersiva y profunda es el antídoto contra la tiranía de la superficialidad. Stéphane Mallarmé, el gran crítico y poeta francés del siglo XIX, decía que, al leer, un concierto solitario y silencioso se produce en nuestra mente. Todas nuestras facultades mentales están presentes en esa exaltación sinfónica: leer es una actividad tan musical como eléctrica. Todo un festín para el cerebro. Es tan sinfónico que podría ser un libro de consulta, y un libro histórico, así como un libro temático o de técnica psicoanalítica, sin dejar de ser un texto de filosofía y sexualidad humanas. Una base muy sólida para poder dar la mejor clase sobre pulsiones, sobre la muerte y sobre como Vives nos ofrece vida.

Ruth Axelrod Praes

Reseña del libro de Juan Vives Rocabert (2013). *La muerte y su pulsión. Una perspectiva freudiana.* **México: Paidós, 431 páginas. Reseña:** José Camacho

Primero agradezco a Juan la invitación a participar en el comentario de este texto, su mejor escrito; aquí confluyen los caminos de su vasta experiencia y apasionada e inteligente entrega al psicoanálisis teórico, clínico y técnico. Hace ya muchos años junto con nuestro querido colega-amigo Hernán Solís comentábamos, a propósito del proceso creativo en la obra de García Márquez, que un escritor tenía un antes y después de su obra cúspide. En su caso *Cien Años de Soledad,* en aquel entonces recién publicada. Conozco a Juan desde finales de los años sesenta cuando trabajábamos en el Sanatorio psiquiátrico Rafael Lavista, desde entonces, se destacó por sus trabajos escritos y publicados, primero sobre psiquiatría, luego, siendo ya psicoanalista, generó incansablemente material para llenar las páginas de revistas y libros sobre esta profesión imposible. Un camino largo, muy productivo que si bien no termina ahora, si llega a su obra más completa, donde desemboca el enorme caudal de conocimiento del Juan Vives médico, psiquiatra y psicoanalista escritor; ya después vendrán las elaboraciones sobre lo que se encuentra plasmado magistralmente en este libro que culmina con un capítulo de conclusiones que llama provisionales.

Para mí lo que uno lee tiene varios valores, desde luego el contenido, cómo está estructurado e integrado, la manera en que es escrito y las reflexiones que estimula en los lectores. En síntesis, forma y fondo, una forma clara que permita ver el fondo y que este tenga la cantidad y cualidad necesarias para aportar un conocimiento que estimule pensamiento reflexivo en el profesionista, lo que no sucede en los textos dogmáticos o manualizados que no generan más que creencias e instrucciones a seguir, sin generar conocimiento. La obra que ahora tenemos para comentar pertenece a la primera categoría.

Este libro tiene la estructura para que sus contenidos sean leídos de una manera vertical y horizontalmente; lo secuencial evolutivo y cada paso es contextualizado en su entorno conceptual e histórico tanto del psicoanálisis como de la vida de Freud. Un conocimiento apoya al siguiente, eslabonados con fundamentos sólidos en los dos sentidos. Son siete capítulos, como *Más allá del principio del placer*, trabajo central en las investigaciones y reflexiones de Juan Vives sobre la pulsión de muerte. Por lo tanto, desde ya tenemos una guía y complemento de calidad única para quienes estudien este trabajo de Freud que hizo que la teoría, la técnica y la comprensión de la psicopatología dieran un giro, ampliando su espectro; pues a partir de allí la teoría de la libido deja de ser reina y soberana en el aparato psíquico para abrir el espacio a un *más allá del principio del placer*; así, cada apartado del texto matriz es revisado con detenimiento desde diferentes ángulos de conocimiento destacando congruencias e incongruencias del mismo.

El autor nos traza la trayectoria que siguió Freud para construir un cuerpo teórico, con aplicaciones clínicas y técnicas a este punto crucial en 1920, con un antes inmediato, en *Lo siniestro* en el 19, y un después en el 23 con el *Yo y el Ello,* y en el 24 *El problema Económico del Masoquismo.* En el primero vislumbra la escisión, la repetición de lo igual, el fenómeno del doble y la presencia de algo que está en el más allá, no contenido en la represión de las representaciones, sino en aquella parte del yo que ha tenido que ser escindida por contener, no aquello que busca la satisfacción y el placer, lo reprimido; sino esa parte poblada por lo insuficientemente representado, que aparece como sensación siniestra, amenaza destructiva. En el 23, nos habla de estructura, Yo, Ello y Superyó, siendo este último pensado como un puro cultivo de la pulsión de muerte, en un momento, en otro como el heredero de las prohibiciones y amenazas del complejo de Edipo. En 1924, en *El problema económico del masoquismo*, Juan nos muestra los destinos de la pulsión de muerte y el cambio que hace Freud en relación al masoquismo, inicialmente tratado en la teoría de la libido como una vuelta del sadismo contra el propio sujeto, y es a partir de este tiempo que se le conceptualiza como algo primario dirigido hacia el sujeto y con origen distinto a la pulsión libidinal. Es decir la pulsión de muerte, de la cual deriva la agresión hacia afuera al objeto e inclusive hacia adentro en distintas formas de ataques al cuerpo somático en los trastornos psicosomáticos diversos, o expresada en ataques al yo.

De las preguntas más fundamentales que se hace Juan en su libro está la de si la pulsión de muerte tiene al igual que la libido, fuente, fuerza, meta y objeto, respondiéndose que si se puede hacer un paralelismo entre ambas, aunque se rijan con leyes diferentes, pero que a la vez son complementarias, ejemplifico esto con el siguiente párrafo, de las páginas 235 y 236: "si tenemos en cuenta que el instinto de muerte arranca de un sustrato orgánico -recordemos que la definición de instinto es de ser representante psíquico de las fuerzas emergentes del cuerpo- el masoquismo es, por necesidad, primario a toda manifestación derivada. Sólo de manera secundaria deviene "instinto de destrucción", instinto de aprehensión o voluntad de poderío. Una parte de este instinto queda directamente al servicio de la función sexual". Siguiendo esta línea de pensamiento, podemos trazar con nitidez un recorrido paralelo entre la libido y la energía del instinto de muerte, ya que así como la primera es, originariamente, libido narcisista (pues el primer objeto que catectiza es al propio yo del sujeto), de igual manera el primer objeto catectizado por el instinto de muerte es, también, el sujeto, y se manifiesta como masoquismo primario. Y así como la libido se origina corporalmente y tiene por objeto al propio cuerpo (la forma más elemental del yo), de igual forma tendríamos que postular también que el instinto de muerte se manifiesta en el yo corporal. Para algunos psicoanalistas, es tentador entender cierta patología desde los conceptos anteriores, "en los padecimientos de tipo autoinmune y diversas formas de cáncer".

Para llegar a una declaración como la anterior Juan tuvo que recorrer con su experiencia toda la obra freudiana deteniéndose en cada punto donde pudiera encontrar los eslabones que construyeron esta teoría en específico, pero poniendo en el contexto correspondiente cada uno de ellos para hacerlos confluir en un cuerpo teórico que antes no pudo haber conformado Freud, aunque tanto él como sus seguidores ya habían esbozado ideas precursoras del mismo. Freud no pudo haber construido antes esto, necesitó de todo lo desarrollado anteriormente para llegar aquí. Creo que Juan Vives tampoco pudo llegar antes a esta obra si no hubiera caminado con el esfuerzo y curiosidad de verdadero investigador por los caminos de la lectura, el ejercicio profesional y por haberlo plasmado por escrito, siempre con un lenguaje claro, llano, sin arrogantes neologismos pseudo-intelectuales, con ganas de ser entendido en lo que piensa y quiere decir, así como es él, un hombre franco, sencillo, sensible, honesto y congruente. Juan ni pudo estar antes aquí con su libro, ni después, llegó a tiempo, como dijo el poeta, para otorgarnos con generosidad este enorme documento que denota pasión e integridad profesional y conocimiento profundo muy reflexionado de los escritos freudianos, eje esencial del psicoanálisis.

No obstante que la triada, 1919, 1920 y 1924, sin dejar de incluir *El yo y el ello* del 23, es el centro para comprender la pulsión de muerte y sus destinos; el autor nos lleva a un trabajo fundamental en el que están los principios desarrollados muchos años después en los trabajos mencionados, me refiero al *Proyecto* de 1895, escrito y desaparecido por el mismo Freud en esa época, redescubierto en los años cincuenta. Éste contiene las tesis para la conceptualización de la pulsión de muerte; ahí vemos que el principio de inercia, la tendencia a la descarga total, encuentra su equivalente en el principio de nirvana, la tendencia al cero, y que por el apremio de la vida con la asistencia del objeto, cambia hacia el principio de constancia que mantiene siempre una tensión y carga para el funcionamiento del aparato psíquico. Así, lo que era una acción inespecífica que no producía más que una descarga pero no una verdadera satisfacción para una necesidad somática, se transformó en una acción específica asistida por el objeto que satisfizo la necesidad, y que ante la reaparición de esta última, se evocó la experiencia de esa satisfacción ya contenida en la memoria. Es entonces un deseo representante psíquico de la necesidad somática que busca a lo que la satisface, y que al no existir en ese momento el objeto, lo recuerda y lo piensa, demora indispensable para reencontrarlo en la realidad. Juan nos muestra así dos pulsiones, formas diferentes de operación y expresión energética, uno busca el placer, el otro sólo la descarga, uno antecede al otro, uno es energía libre, el otro la liga, forma representaciones, estructuras y las une, a la vez que reprime; el otro no tiene representación, aunque si representa la pulsión de muerte y pugna solamente por aliviar la tensión de lo que ha sido desligado por esta misma fuerza. Desde aquí, que una de las resistencias al análisis se derivan del evitar la separación de elementos ya unidos, la desligadura.

En el camino para llegar a su meta, el autor hace una revisión extraordinaria de las distintas etapas por las que pasa la teoría pulsional: *Los tres ensayos,* donde se separan las pulsiones del yo y las sexuales, luego, la segunda conceptualización en *Introducción al narcisismo* 1914, junto con la metapsicología de 1915 con *Pulsiones y destinos de pulsión*, continuada con *Duelo y melancolía* en las que destaca las diferencias de libido narcisista y libido objetal. Y en el último, la expresión en las distintas formas de depresión; finalmente, al escribir *Más allá del principio del placer*, puede explicar por qué la autodestrucción y la destrucción de los demás y el entorno, tienen un estatus metapsicológico distinto al de ser parte de la pulsión sexual.

Una pregunta que se hace Juan es sobre el por qué del placer destructivo resaltando el segundo apartado de *M*ás allá del principio de placer, que tiene que ver con el *fort da,* y el gusto por adquirir la habilidad yoica en el dominio de lo traumático a base de repeticiones. Esto me hizo pensar que hay un placer narcisista; es decir, omnipotente en infligir el daño a otra persona de lo que se sufrió ante la situación de desamparo infantil en el proceso de formación del *self,* y que entre mayor sea el daño primario, más se descarga la pulsión destructiva envuelta bajo el ropaje del poder de su majestad el bebé vengativo. La venganza es privilegio de dioses, que goza poniendo en desamparo a los otros, sin poder pensar el propio, el dolor de la insuficiente ligadura o la ruptura traumática. Antes de lo anterior se cuestiona si existe un desarrollo de la pulsión de muerte, al igual que la libido ¡claro que sí!, si ambas emergen de las zonas somáticas, las dos modalidades de expresión de ambas se acompañan una a la otra en el proceso evolutivo, y en cada una, el cambio de cantidad a cualidad es modulado por la asistencia objeto, y dependiendo de la suficiencia de este en interacción con lo constitucional, predominará una u otra pulsión.

El libro, tiene partes históricas muy ilustrativas sobre la historia del psicoanálisis, de Freud en particular y la relación con sus discípulos, los eventos pasionales con ellos, las confesiones mutuas entre él y Jung sobre sus amoríos, el maestro con la cuñada, el alumno con Sabina, y ésta junto con Stekel como precursores en el estudio de la pulsión de muerte. Vemos las vicisitudes de la vida de Freud, cuya melancolía derivada de la desinvestidura traumática materna por haber perdido al hermano menor de aquel, deja en el creador del psicoanálisis, una zona infartada en su psiquismo, con manifestaciones depresivas, adictivas y somáticas que padecerá a lo largo de su vida. Con el tiempo, después de haber desarrollado la teoría libidinal y el complejo de Edipo, le sirvieron derivado de su interminable autoanálisis para reflexionar sobre un estrato más antiguo de su ser y conceptualizar la pulsión de muerte cuando contaba con 64 años y una larga trayectoria de bregar en el psiquismo propio y ajeno, ya no sólo desde la teoría libidinal y el complejo de Edipo, sino que pudo ir más adentro para poder encontrar un nuevo instrumento teórico que le explicara desde un punto de vista distinto los orígenes de la destructividad humana, la melancolía, el suicidio, la compulsión a la repetición. Desde luego diferente al retorno de lo reprimido, la reacción terapéutica negativa, el sentimiento inconsciente de culpa, la psicosis, y mecanismos defensivos más allá de la represión, la escisión y negación. Sobre esta última se abunda en el libro y se cuestiona si esta se encuentra regida por el No que desintegra y une, o como un equivalente de la represión que permite se libere el pensamiento aunque luego se le niegue. En esto creo se trata de dos conceptos diferentes, el Sí de *Eros* y el No de *Tánatos*; por otro lado la negación sustituta de la represión y la afirmación del juicio para rencontrar al objeto.

Para terminar, aclaro que no puedo exponer en esta breve reseña todo lo aprendido y reflexionado en la lectura, menos abarcar con justeza su contenido, eso les corresponde a los lectores de Juan Vives; los invito a leerlo, pensarlo, a tenerlo como libro de texto y de consulta porque es lo más completo y brillante de lo que él ha escrito. Gracias Juan por compartir tu ser psicoanalista con la comunidad comprometida e interesada en el psicoanálisis.

José Camacho

Reseña del libro de Juan Vives Rocabert (2013). *La muerte y su pulsión. Una perspectiva freudiana.* **México: Paidós, 431 páginas.** Reseña: Miguel Kolteniuk

¿Qué es la muerte? ¿Es algo deseable, intolerable, inevitable, negable y delirable? ¿Tiene algún sentido trascendente o es un acontecimiento fútil, sin sentido, que le ocurre al individuo? ¿Es la deuda que contrae cada hombre al nacer? ¿Es lo que le da sentido a la vida, lo que le quita su inservible y monótona prolongación? ¿Es la madre de la filosofía, tal como dijera Schopenhauer? O es la causa del absurdo de la vida, de la nausea, de la pasión inútil de ser Dios, como sostuvo Sartre. O es la entraña misma del amor, como lo afirma la literatura universal, desde los griegos, el romanticismo, hasta Freud.

Desde la perspectiva biológica, -sostiene Cereijido- la muerte tiene sus ventajas, se sacrifica al individuo para preservar la especie, tal como lo afirmara Schopenhauer y lo reafirmara Freud en *Más Allá del principio del placer.* Para los suicidas y los pesimistas, la muerte es una liberación del sufrimiento intolerable que significa la vida. Cioran tituló a uno de sus libros *"Del inconveniente de haber nacido".* Para Calderón, nacer constituye el peor de los delitos. Para los místicos, en cambio, la muerte es una bendición, al grado de hacer afirmar a Santa Teresa: "Vivo sin vivir en mi, y tan alta vida espero, que muero porque no muero". Para Heidegger es una determinación ontológica, "el hombre -afirma- es un ser para la muerte". Para Eichman, según Hanna Arendt, es un acto banal. Para Camus el único problema filosófico verdaderamente decisivo es el suicidio, mientras que para Mussolini, el grito de "Viva la muerte" era su justificación existencial. Y para la mayoría de nosotros, la muerte es lo que le ocurre al otro, no a mí. La renegación de la muerte es el mecanismo defensivo que nos permite transitar la vida sin excesivos sobresaltos, y a veces, con cierta felicidad.

La muerte y su pulsión. Qué título más sorprendente y enigmático. Tal vez sin proponérselo, Juan Vives parecería sugerir que la muerte tiene una pulsión, que le pertenece a ella y no al sujeto viviente, único poseedor de las pulsiones. Me parece que esta paradoja apunta ya a señalar uno de los problemas centrales del libro: ¿qué es la pulsión de muerte? ¿Se trata verdaderamente de una pulsión, según las definiciones de Freud? ¿En cuántos sentidos podemos entender este concepto? ¿Cómo podemos sustentar su existencia? ¿Cuáles serían los datos clínicos que permiten su postulación? ¿No se trata más bien de un concepto fantasioso de Freud, su "mitología"? ¿Existe algún fundamento biológico que lo apoye? ¿Es la reproducción sexual la madre de la muerte, tal como lo adelantó Goethe?

De esto y de muchas otras cosas se ocupa Juan Vives en lo que considero su obra cumbre *La muerte y su pulsión*, una reflexión erudita y creativa sobre la pulsión de muerte, en la que el rigor y respeto al texto freudiano coexiste con el cuestionamiento crítico efectuado desde una perspectiva contemporánea multidisciplinaria. Este libro llena un gran vacío en la literatura psicoanalítica actual. Que yo sepa, no existe un tratado sobre el tema de tal extensión y profundidad (por lo menos, en lengua española), que abarque la variedad de temas que giran en torno al controvertido concepto freudiano de la pulsión de muerte. Cuando el autor me dio a leer su manuscrito, le dije, -Juan, has escrito tres libros, uno sobre la pulsión de muerte, otro sobre Freud como paciente y otro sobre psicopatología, sólo te van a publicar uno de los tres-, él me respondió, -y eso que nó puse todo lo que quería decir-. Por fortuna, la editorial Paidós lo hizo entrar en razón y logró que reelaborara todo el material y nos obsequiara esta nueva síntesis, más integrada, más comprensible y más atractiva, en la forma de este libro, que tengo el honor de presentar el día de hoy.

Pero, aunque se trate de un libro estructurado y bien articulado, Vives logró introducir de manera subrepticia, el contenido de los tres libros plasmados en su manuscrito original. Desde mi punto de vista, en *La muerte y su pulsión* encontramos una presentación discutida y razonada de la metapsicología freudiana, encontramos un tratado de psicopatología en permanente correlación teórico clínica que es utilizada para ejemplificar, discutir y criticar la metapsicología, y en la que ofrece lecturas alternativas y propone desacuerdos muy bien fundamentados. Nos presenta, además el caso clínico de Freud, una historia clínica y una psicobiografía que incluye los hallazgos revelados por las investigaciones actuales y que Vives articula desde las perspectivas psicoanalíticas contemporáneas. Casi podría decir que es la parte que más me sorprendió y disfruté, porque era la primera vez que alguien me ofrecía una imagen más verdadera, más completa y mejor diagnosticada en comparación con sus biógrafos oficiales, Ernest Jones, Peter Gay y Max Schur. No les diré su diagnóstico psicodinámico para que lo busquen en el libro.

Pero la parte medular del libro comienza con un análisis, me atrevería a decir, deconstructivo del concepto freudiano de *pulsión de muerte*, en el que combina herramientas de la hermenéutica, el análisis del significado polisémico, el inventario de los distintos usos y contextos en los que aparece dicha expresión y la búsqueda de sinonimias (todo esto perteneciente a la semántica), con el análisis lógico, guiado por los principios de coherencia y no contradicción entre sus derivaciones conceptuales que aparecen en la totalidad de la obra freudiana. Esta me pareció una tarea metodológica ejemplar. Sin embargo, esto acota solamente el nivel del análisis lógico y semántico del concepto de pulsión de muerte. El libro de Vives abarca mucho más.

El índice del libro resulta suficiente para señalar el trayecto conceptual que va a desarrollar el autor: 1. La muerte. 2. El concepto de pulsión. 3. Del concepto de *agresión*, sus derivados y transformaciones, a la noción de *instinto de muerte.* 4. El concepto de *instinto de muerte* en la obra de Freud. 5. Manifestaciones clínicas de la pulsión de muerte. 6. Discusión y 7. Conclusiones provisionales. Sería una insensatez ofrecer una síntesis de cada uno de los capítulos del libro. Para los propósitos de esta reseña me voy a limitar a comentar algunos aspectos del análisis crítico que Vives hace del concepto de *pulsión de muerte,* para terminar con un esquema muy sintético de la postura alternativa que nos propone el autor en contraposición a la postura freudiana.

Juan Vives nos define de un plumazo el marco teórico metapsicológico en el que va iniciar la discusión de la pulsión de muerte. Este marco teórico pretende explicar:

1. "La comprensión e integración de un vasto territorio mental que es el mundo del inconsciente" (p.305).
2. "La hipótesis de un aparato psíquico que pasó por cinco etapas conceptuales desarrolladas en el curso de las reflexiones de su creador:
   - aparato del lenguaje... *(Afasias)*
   - aparato neuronal... *(Proyecto...)*
   - aparato de memoria... *(Carta 52 y Block maravilloso...)*
   - aparato psíquico topográfico... *(CAP. VII)*
   - aparato psíquico estructural... *(El Yo y el Ello)* (p. 306)
3. "Una teoría instintiva que evolucionó en tres períodos:
   - el primer dualismo pulsional... *(Tres ensayos)*
   - el par libido objetal *versus* libido narcisista... *(Introducción al Narcisismo)*
   - el segundo dualismo pulsional...la pulsión de vida o Eros y la pulsión de muerte... *(Más allá del principio del placer)." (p. 399)*

Esta teoría instintivista da cuenta del punto de vista dinámico y económico de la metapsicología freudiana, es decir, de la energía y las fuerzas que se utilizan en el trabajo psíquico. En este punto se va a concentrar la discusión del autor.

Para Juan Vives no existe una diferencia significativa entre los términos de *instinto* y *pulsión* para traducir el *Trieb* de Freud, y a lo largo del libro, los usa indistintamente, aunque cuando se trata de precisar algún concepto, lo específica en alemán, como cuando afirma que "esta ley de la selva ha sido altamente modulada en el hombre -es lo que va del *instinkt* al *triebe*- que tamiza, desplaza, posterga o modifica el deseo..." (p. 314, las cursivas son de Vives). De esta cita deduzco que, en el fondo, esta diferencia sí le resulta importante. Yo le preguntaría al autor qué piensa de este dato.

A Juan Vives le parece que el concepto de pulsión es excesivamente ambiguo y omniabarcante, de poca utilidad teórica, de manera que él propone sustituir el dualismo pulsional de vida y de muerte propuesto por Freud, por la existencia de "cinco grandes grupos de instintos, con diferentes niveles de complejidad: el grupo de los instintos sexuales, el grupo de los instintos agresivos/destructivos, el instinto de muerte, los instintos epistemofílicos y los instintos vinculares (que explican los fenómenos de apego, las relaciones de pareja y familia), así como los tan discutidos instintos gregarios" (p. 316). En otras palabras, en lugar de dos instintos, propone cinco grupos de instintos.

En lo que respecta a la pulsión de muerte, el autor señala una gran dificultad para encuadrarla en la definición freudiana de pulsión, entendida como una energía que tiene una fuente, una fuerza, un objeto y una meta. La pulsión de muerte no tiene un origen que la haga pulsar. No podemos señalar ningún origen de ella, a menos que la interpretemos como una programación genética destinada a la terminación de la vida en el organismo, la apoptosis o suicidio celular, pero esto significaría dejar de ser una pulsión para convertirse en un programa biológico. Tampoco podemos definir la fuerza de la pulsión de muerte porque su energía es muda y desvinculadora, no puede ser representada en el psiquismo porque implicaría algún tipo de ligadura. Por consiguiente, para el autor, hacer derivar la pulsión de destrucción de la pulsión de muerte es un contrasentido. Habría que diferenciar conceptualmente la supuesta pulsión de muerte, que es negatividad pura, de los fenómenos de la destructividad humana que son altamente positivos y simbolizables. Por consiguiente, el grupo de los instintos agresivos, que van desde los que son útiles para la supervivencia hasta la "agresión fría" innecesaria, deben ser conceptualizados al margen de la pulsión de muerte y no como su derivación.

En lo que se refiere al objeto de la pulsión de muerte, se trata sólo de un único objeto que es el sujeto mismo que la posee. El objeto deja de ser lo más variable de la pulsión para convertirse en su propia meta. Tampoco podemos afirmar que su finalidad consiste en regresar al organismo al estado inorgánico del que surgió, pues como dice el autor "no hay nada de cierto en la afirmación de que el hombre se haya originado de lo inorgánico, a menos que nos demos ciertas licencias de tipo poético o religioso" (p 327). En suma, a diferencia de los instintos sexuales, la pulsión de muerte no puede ser gratificada más que con la muerte misma, porque cualquier gratificación de los instintos destructivos en el mundo externo, deben ser entendidos desde otro lugar distinto a la pulsión de muerte. En suma, la pulsión de muerte no cumple con los requisitos que Freud estipuló para definir una pulsión tal como lo estableció en su artículo *Pulsiones y destinos de pulsión*. Por lo tanto, la pulsión de muerte no es una pulsión, sino un concepto contradictorio y ambiguo que confunde el programa mortífero, inscrito en el genoma, con las manifestaciones externas de la destructividad humana.

No contento con haber argumentado que la pulsión de muerte no cumple con los criterios definitorios del concepto estipulados por Freud, Vives dedica toda una sección del libro a derribar el sustento clínico que Freud utilizó para fundamentar su pulsión de muerte. Se trata de una lectura alternativa de los fenómenos que se derivan de la compulsión de repetición expuestos en *Más allá del principio del placer:* los sueños y los síntomas repetitivos de la neurosis traumática, el juego del carretel, los fenómenos de repetición de la transferencia y la fijación al trauma como resistencia del ello.

Para Juan Vives, Freud nunca distinguió los procesos de repetición elaborativa, esencial para la superación de lo traumático, al servicio de la pulsión de vida y promovido por las fuerzas libidinales, de la compulsión repetitiva al servicio del sufrimiento, el estancamiento, el deterioro y la destrucción. Desde esta perspectiva, los fenómenos repetitivos utilizados por Freud como fundamento de la pulsión de muerte, demuestran ser en realidad, procesos elaborativos al servicio de la pulsión de vida. Los ejemplos probatorios citados por Freud sirven para demostrar lo contrario de lo que argumenta. Esta es, a mi juicio, la objeción más fuerte que presenta Vives a la fundamentación clínica de la pulsión de muerte. Sin embargo, matiza el autor, "debemos dejar claramente anotado que en la clínica existen repeticiones que no llevan a nada, que son como un disco rayado: se repite, compulsivamente, una y mil veces la frase sin adelantar ni atrasar... quizá deberíamos circunscribir dicha noción a estos casos, perfectamente asimilables a la idea de un instinto de muerte" (p. 355). Como puede verse, a pesar de sus objeciones, Vives deja viva a la pulsión de muerte, aunque mucho más acotada en sus alcances. Retomaré más adelante este punto.

No obstante, será hasta la parte final del libro donde Juan Vives nos va a revelar su propuesta central, altamente polémica y revolucionaria que nos obligará a hacer una relectura alternativa, si no es que opuesta, de la metapsicología freudiana, en la que los puntos de vista económico y dinámico van a ser profundamente transformados. A mi juicio, esta es la aportación más osada y cuestionadora del autor. En lugar del dualismo energético freudiano (libido - energía desvinculadora) Vives propone un monismo energético, y en lugar del dualismo pulsional dinámico (pulsión de vida - pulsión de muerte), Vives propone un pluralismo dinámico integrado por cinco grupos de instintos ínterrelacionados a la manera de los sistemas complejos, que, al agregarle el programa genético para la muerte, se convierten en seis:

los instintos de vida
los instintos de autoconservación o del yo
un programa para la muerte al que se ha denominado instinto de muerte
los instintos agresivo-destructivos
los instintos epistemofílicos
los instintos gregarios

En relación al monismo energético Juan Vives afirma: "La energía electromagnética, tal y como podemos constatar en el comportamiento del imán, podría ofrecernos una metáfora útil para entender que una sola fuerza puede manifestarse con características aparentemente opuestas: atracción o repulsión, dependiendo de los polos - negativo o positivo -, cuya dinámica observamos en su interacción. Además nos ofrece la explicación de cómo las fuerzas que se manifiestan como repulsión en un polo, son las mismas que se conducen como atracción en el otro polo. La energía es la misma, la manifestación es la que cambia".

"En este sentido, en el psicoanálisis también nos estaríamos enfrentando a una teoría instintiva de tipo monista, en el sentido de una sola forma de energía, quizás entendible en lo que se refiere al metabolismo corporal, que puede manifestarse en el psiquismo como psicosexualidad y ligadura o como muerte y disgregación. Freud -a pesar de sí mismo- se acercó a este tipo de concepción cuando asumía la posibilidad de que en el psiquismo existiera un tipo de "energía desplazable, indiferente en sí, pero susceptible de agregarse a un impulso erótico o destructor, cualitativamente diferenciado, e intensificar su carga general" (*El yo y el ello*). Para Freud, dicha energía posiblemente metabólica es la que ingresa al psiquismo y ahí adquiere su cualidad, restableciéndose el dualismo. A partir de esta hipótesis, asumimos que dicha energía, en su forma más simple puede manifestarse de las dos formas mencionadas, aparentemente opuestas" (p. 407-408).

En resumen, en franca oposición a Freud, Juan Vives nos propone un monismo energético y un pluralismo dinámico sin pulsión de muerte, pero con un programa genético mortal. Si esto es así, debemos reconocer que Juan Vives ha asumido una posición que va más allá, o más acá de Freud, según se quiera ver, pero definitivamente, se ha apartado de sus postulados fundamentales, ha abandonado la ortodoxia que definía el marco conceptual de sus trabajos anteriores. Para mí, esta es su aportación más polémica y valiosa, casi me atrevería a decir que Juan Vives ha dejado de ser freudiano para convertirse en postfreudiano. Sin embargo, como señalé anteriormente, Vives ha dejado viva a la pulsión de muerte al reconocer que "debemos dejar claramente anotado que en la clínica existen repeticiones que no llevan a nada, que son como un disco rayado: se repite, compulsivamente, una y mil veces la frase sin adelantar ni atrasar...quizá deberíamos circunscribir dicha noción a estos casos, perfectamente asimilables a la idea de un instinto de muerte" (p. 355). Si a esta cita le agregamos los fenómenos desimbolizantes y desobjetalizantes estudiados por André Green así como los fenómenos en menos K, los elementos *beta* y los objetos bizarros, estudiados por Bion, sólo para mencionar a dos de los autores más notables, podemos entender que la pulsión de muerte se resista a morir.

La gravedad de algunos procesos de repetición compulsiva, de fijación de las situaciones traumáticas, las reacciones terapéuticas negativas, los duelos patológicos incoercibles, la tenacidad de ciertas patologías y la búsqueda de la autodestrucción llevó a Freud a postular la existencia de la pulsión de muerte. Más allá de que se trate de un concepto difícil de entender y de que contenga inconsistencias, pienso que posee un gran valor heurístico porque tiene un poder sugestivo insuperable para nombrar lo innombrable, lo irremediable, lo irreparable (otro título de un libro de Vives), y lo fatal. "Nuestras vidas -dice Jorge Manrique-son los ríos que van a dar a la mar que es el morir". Creo que esta dimensión poética y trascendental es la que quiso capturar Freud con su concepto de pulsión de muerte y creo que este hecho inquebrantable es el que se resiste a ser eliminado en el discurso psicoanalítico postfreudiano. Creo que Juan Vives, en el fondo estaría de acuerdo conmigo, pero ¿para qué especular si tenemos presente al autor? Mejor preguntémosle directamente.

Miguel Kolteniuk

Instrucciones para los autores

Cuadernos de psicoanálisis publica artículos originales previamente aprobados por el Consejo Editorial de esta revista, que deberán presentarse en original y copia, acompañados por un resumen en español y en inglés. Se usará la lengua española de acuerdo a las normas de la Real Academia de la Lengua, así como términos científicos y técnicos de aceptación general, uso común y base gramatical correcta.

El texto deberá estar escrito a máquina o en computadora (enviar original y medio electrónico, preferentemente trabajado en *Word* para *Windows 95/98* y guardado como Word Perfect 5.0 [*.doc]), impreso con impresora láser, a doble espacio (si es a máquina), en papel de 21,5 x 28 cm, en 28 líneas y con márgenes de 3 cm. La hoja frontal contendrá el título del trabajo (lo más conciso posible), nombre de los autores y créditos institucionales, así como nombre, dirección y teléfono del primer autor. El manuscrito deberá contener resumen en inglés y español, así como sus palabras clave (media cuartilla y no más de cinco palabras clave); y sus referencias bibliográficas.

Las **referencias bibliográficas** se ordenarán alfabéticamente y conforme a como están citadas en la revista *The International Journal of Psychoanalysis*, considerando que el apellido va antes que el nombre (abreviado) del autor, todo con mayúsculas, después irá el año seguido por un punto y el trabajo del autor, los editores en caso de que los haya, el país o ciudad seguido de dos puntos y la editorial. El título de la obra irá en *itálicas*.

Ejemplo para un libro:

DAVISON, D (1983). *Inquiries into Truth and Interpretation.* Oxford: Oxford University Press. (En caso de que sean varios los autores, se separarán por medio de una coma. En el caso de las revistas, el título de la obra irá en letra normal y el nombre de la revista irá en *itálicas*.)

Ejemplo para una revista:

BLEIBERG, E., FONOGY, P. & TARGET, M. (1997). Child psychoanalysis: Critical overview and proposed reconsideration. *Psychiatric Clinics of North America*, 6: 1-38. (en el caso de que se haga mención del capítulo de un libro, el capítulo irá en letra normal y el título irá en *itálicas*.)

Ejemplo para capítulo de un libro:

PFEFFER, C. R. (1991): Suicide and suicidality. En *Textbook of Child and Adolescent Psychiatry*, ed. J. M. Wiener. Washington: American Press, pp. 507-514.

Todas las locuciones latinas irán en *itálicas* y las abreviaciones serán las siguientes:

editor - ed. volumen - vol. páginas - pp.
editores - eds. número - núm. fascículo - fasc.
editorial - edit página - p. coordinador - coord.

Cuando el trabajo incluya imágenes, cuadros o tablas, se numerarán progresivamente por orden de aparición y deben ser originales. Asimismo, los gráficos, cuadros o imágenes deberán estar en jpg a una resolución de 300 dpi y anexarse en una carpeta con el nombre del autor numeradas en el orden en que aparecen en el artículo, indicando también los créditos correspondientes.

Los artículos han de enviarse en formato digital e impreso a la atención de los editores de Cuadernos de Psicoanálisis, Asociación Psicoanalítica Mexicana, A.C., Bosque de Caobas 67, Bosques de las Lomas 11700, México, D. F.

Todo el material es revisado por pares y, cuando es aceptado para su publicación en la revista, pasará a ser propiedad de ésta, por lo que la reproducción del texto o alguna de sus partes en otros medios requerirá autorización previa de los editores.

Printed in Dunstable, United Kingdom

91222392R00087